TACITUS REDIVIVUS

DIE GROSSE TROMMEL

TACITUS REDIVIVUS

DIE GROSSE TROMMEL

Leben, Kampf und Traumlallen
Adolf Hitlers

Mit einem Nachwort
und Anmerkungen von
Sven Felix Kellerhoff

Die Originalausgabe ist 1930 bei der Deutsch-Schweizerischen
Verlagsanstalt (Eigenbrödler-Verlag) A.G. erschienen.

Die Deutsche Nationalbibliothek verzeichnet diese Publikation in der
Deutschen Nationalbibliografie; detaillierte bibliografische Daten sind
im Internet über www.dnb.de abrufbar.

Das Werk ist in allen seinen Teilen urheberrechtlich geschützt.
Jede Verwertung ist ohne Zustimmung des Verlags unzulässig.
Das gilt insbesondere für Vervielfältigungen, Übersetzungen,
Mikroverfilmungen und die Einspeicherung in und Verarbeitung
durch elektronische Systeme.

wbg Theiss ist ein Imprint der wbg.
© 2022 by wbg (Wissenschaftliche Buchgesellschaft), Darmstadt
Die Herausgabe des Werkes wurde durch die Vereinsmitglieder
der wbg ermöglicht.
Redaktion: Julia Hohrein
Gestaltung und Satz: Arnold & Domnick, Leipzig
Umschlagabbildung: Hitler-Zeichnung, Neugestaltung des Umschlags
der Originalausgabe
Umschlaggestaltung: Finken & Bumiller, Stuttgart
Abb. auf S. 2: Porträt von Max Hochdorf, Reichshandbuch der deutschen
Gesellschaft. Bd. 1. Berlin 1930, S. 772, Hessisches Staatsarchiv Darmstadt
(A 18/50)
Gedruckt auf säurefreiem und alterungsbeständigem Papier
Printed in Germany

Besuchen Sie uns im Internet: www.wbg-wissenverbindet.de

ISBN 978-3-8062-4490-8

Elektronisch sind folgende Ausgaben erhältlich:
eBook (PDF): ISBN 978-3-8062-4491-5
eBook (epub): ISBN 978-3-8062-4492-2

Inhalt

Von Braunau bis München 9

Hitler entdeckt seine Idee 22

Trommelfeuer gegen Sozialisten und Juden 37

Der Übermensch verbietet den Klassenkampf 48

Das Programm 55

Der Bierputsch 71

Das Volksgericht 95

Der deutsche Krieg 105

Rebellion der Jakobiner 121

Traumlaller und Johannesnatur 131

Es wird aufgenordet 137

Mussolini und der Promethide 145

Nachwort 150

Anhang 169
    Anmerkungen 170
    Quellen 190
    Literatur 191

Aus Hitlerliedern

Kämpfer fürs Dritte, fürs Grossdeutsche Reich, schwinget die Schwerter zum tötenden Streich! Hitlers Getreue, so heisst unsre Ehr. Sturmtrupps fürs neue, fürs Braunhemdenheer.

*

Hitler ist unser Führer, ihn lohnt nicht gold'ner Sold, der von den jüdischen Thronen vor seine Füsse rollt.

*

Wir sind in neuen Zeiten eine Truppe alter Art. Wir wollen wacker streiten um Deutschland fest und hart. Ein Hakenkreuz im Schilde ist unser Wappen stolz. Uns führet Adolf Hitler, ein Mann aus Eichenholz.

*

Nun schliesst die Reih'n und tretet an, zu Not und Tod bereit! Das Hakenkreuz es winkt voran, für Hitler allezeit.

*

Sturm, Sturm, Sturm, Sturm, Sturm, Sturm! Läuten die Glocken von Turm zu Turm! Läutet, dass Funken zu sprühen beginnen! Judas erscheint, das Reich zu gewinnen. Läutet, dass blutig die Seile sich röten. Rings lauter Brennen und Martern und Töten. Läutet Sturm, dass die Erde sich bäumt unter dem Donner der rettenden Rache! Wehe dem Volk, das heute noch träumt! Deutschland, erwache, erwache!

*

Und falle ich im fremden Land, dann, Mädel, weine nicht! Der Heldentod fürs Vaterland ist schönste deutsche Pflicht. Und bis zum Tode streite ich mit echtem deutschen Mut! Dann grüsset noch im Sterben dich ein jung Soldatenblut.

*

Eins, zwei, drei! Der Hitler, der ist frei!
(Nationalsozialistisches Kinderlied)

*

Der Dolch, der Dolch, den wir tragen, geglüht in Stahl, in Stahl. Der Deutsche, der Deutsche, er weiss es!
(Italienisches Faschistenlied)

VON BRAUNAU
BIS MÜNCHEN

Am 14. September 1930 hat das deutsche Volk seinen neuen Reichstag gewählt, zusammen mit der Weimarer Nationalversammlung den sechsten seit der Gründung des zweiten Reiches. Dieses zweite Reich war nicht geboren worden unter fröhlichem Gepränge, sondern nach vier Jahren eines Krieges, der die Jünglinge und Männer des Landes hingemordet und Gesundheit und Wohlstand des Volkes zerstört hatte. Dem Weltkrieg war der Bürgerkrieg gefolgt. Das Geschlecht, das heranwuchs, stand dauernd unter dem Druck und Eindruck des Grauens. Jeder Gedanke, der an Universitäten, Mittelschulen und Volksschulen, in Ministerkabinetten, auf Gewerkschaftskongressen und in stürmischen Volksversammlungen zum Thema der Staatsökonomie vorgetragen wurde, ging von der Frage aus: Wie kann Deutschland wieder aufblühen, wie kann es wieder aufgeweckt werden zu neuen Taten, wie kann vor allem für drei Millionen beschäftigungslose Arbeiter, die von dem Brote der noch Beschäftigten einen kargen Teil empfangen und diese Speisung als ihr verfassungsmässig garantiertes Bürgerrecht fordern, wiederum die Tür zu einträglichen Fabriken und Kontoren erschlossen werden?

Sogar die selbstsüchtigsten, sogar die immer noch weichgebetteten, durch Glückszufall, besondere Tüchtigkeit oder skrupellose Spekulation vor solcher ängstlichen Ideenanspannung noch bewahrten Deutschen wagten es nicht mehr, das allgemeine Elend zu leugnen.

Als mit dem Verzweiflungstamtam und dem demagogischen Toben, die heute jeden politischen Kampf begleiten, die Vorbereitung für die Septemberwahlen begann, rührte sich am lärmendsten und verwegensten die Nationalsozialistische Deutsche Arbeiterpartei, N.S.D.A.P.

24 Stunden nach dem Wahlsonntag war klar, dass sie mit 107 Parlamentariern, mit bisher im öffentlichen Leben kaum bekannten Männern, den engen, für solchen Zustrom gar nicht geeigneten Sitzungssaal überschwemmen würde. Diese 107 Unbeschriebenen hatten sich bisher nur zu Einem bekannt: zur entschiedenen Feindschaft gegen das Parlament, das sie künftig bevölkern sollten. Sie hatten seit zehn Jahren durch den Mund ihres Führers Adolf Hitler dem Lande mitgeteilt, dass sie als Sprengkolonne in jedes deutsche Parlament eindringen würden. Seit zehn Jahren hatten sie durch den Mund Hitlers ihrem Lande die Revolution angekündigt. Versprochen hatten sie, das zweite Reich, genannt nach dem ersten Artikel der Weimarer Verfassung die Republik, deren Staatsgewalt vom Volk ausgeht, durch das »dritte Reich« abzulösen.

Es soll kommen, wenn das alte Reich vollkommen aufgelöst ist.

Jetzt ist notwendig, den Führer dieser Revolution, der sich nicht im Hinterhalt verbirgt, der Tag und Nacht von sich reden macht, der Nerven und Gedanken der Massen unermüdlich rädert, der sich durch eigene Stentorstimme und durch die Lautsprecher und sogar durch die Fäuste seiner Gefolgsleute als Retter Deutschlands anpreist, bis in den Grund kennen zu lernen.

Wer war Adolf Hitler? Wer ist er? Wer wird er sein? Welche geistigen Mittel, welche Einsichten in Geschichte und in aktuelle Politik und Wirtschaft, welche moralischen Tugenden und Fehler, welche Pläne für Gegenwart und Zukunft, schliesslich, welche praktischen, der blossen Ideologie gewachsenen Energien sind auf das Konto Adolf Hitlers zu setzen?

Er kommt von unten, er wollte hinauf. Als das Münchener Volksgericht ihn im Frühjahr 1924 als die »Seele« des gegen die deutsche Republik gerichteten Hochverratunternehmens zu fünfjähriger Festungshaft verurteilte, begann er auf der Feste Landsberg am Lech jenes siebenhunderteinundachtzig Seiten umfassende Buch zu schreiben, das er »Mein Kampf« titulierte. Dieser Titel ist charakteristisch genug. Der Festungshäftling, dem der Hochverrat an Deutschland vollkommen nachgewiesen war, wollte nicht bereuen, er wollte weiter angreifen. Er wollte weiter die öffentliche Meinung beunruhigen.

Er befand sich in sentimentaler Stimmung, als er sein Buch schrieb. Er schäumte auch in unerloschener Wut über die Justiz, die ihn gefangen, überwiesen und verurteilt hatte. Er hatte Langeweile und Zeit, sein Leben zu überdenken. Und er legte sich seine Jugend so zurecht, als wenn alles, Abstammung, Heimat, Erziehung, realistische Schicksalsmomente und geheimnisvolle, nur dem grossen Mann gewährte Fügung ihn zum Retter des deutschen Volks vorausbestimmt hätten.

Dieser Gewohnheit, seine Entwicklung als ein logisches und legendäres Vorwärtskommen darzustellen, ist er immer dann treugeblieben, wenn er vor Richtern und Volksmassen auftrat. Man sollte ihn als ein Wunder der Selbstzucht, aber auch als ein seltenes Geschöpf göttlicher Vorsehung anstaunen. Einreihen sollte man ihn in den Generalstab der Genies, die zu allen Zeiten die an sich trägen, schwerfälligen und erfindungsarmen Nationen zu unerwartetem Glück hinaufrissen.

So sieht er denn schon seine Geburt in dem österreichischen Städtchen Braunau am Inn als ein Wunder an, das sich seinen Gedanken aufregend einprägt, über das aber auch die Leser seiner Lebensgeschichte mit hingebender Andacht nachdenken sollten.

Braunau zählte auch im alten Österreich eine dem benachbarten Bayern stammverwandte Bevölkerung. Also will der Knabe, der Ende der achtziger Jahre in den Windeln lag, schon mit dem ersten Regen der Glieder und des Kopfes nach Deutschland hinüberverlangt haben. Er geht um sich selber herum, er betrachtet die Farbe seines Knabenblutes: sie ist schwarz-weiss-rot. Er horcht auf das Pochen seines Blutes: es singt die Wacht am Rhein.

Er fragt: ist es nicht schrecklich, ist es nicht ein närrischer Zufall, dass *er* gerade als Sohn der zerfallenden Habsburger Monarchie zur Welt kommen musste.

Nichts verband ihn mit der versteinerten Dynastie, ganz unverkennbar hatte er sich als germanisches Urprodukt aus dem österreichischen Völkerchaos herausgeschält. Nun hatte der Zufall seine Karriere zunächst durch die schwarz-gelben Grenzpfähle blockiert.

Er erzählt, dass er schon als Knabe beschloss, gegen diese Schranken Sturm zu laufen.

Da steigt er denn mit Eile in Erwägungen hinein, die seine Unruhe mildern sollten: ich bin deutsch der Rasse nach, wenn auch nicht gemäss der Bürgerzuständigkeit. Diesen Trost wiederholt er sich unaufhörlich: »Gleiches Blut gehört in ein gemeinsames Reich.« Mit dieser Parole leitet er sein Leben ein. Wenn Deutsch-Österreich und Deutschland heute zusammengehören müssen, so sei das nicht notwendig, weil beide Länder für ihre Alltagswirtschaft gemeinsamen Grund und Boden brauchten. Nein, die Volkswirtschaft ist im Rahmen dieser Betrachtungen ein Gebiet, das Hitler achselzuckend verachtet. Worauf es ihm allein ankommt, das ist die Rasse. Sie ist für ihn das Grundelement jeder Völkerexistenz. Soweit spreizt er die Beine auseinander, dass er mit dem einen Fuss die Linie des österreichischen Grenzgrabens, mit dem zweiten diejenige des deutschen berührt. Einen Januskopf möchte er haben, nein, er behauptet, dass er ihn hat, und in jeder Hälfte ein Paar Augen, mit denen er beide Länder liebevoll verbündet.

Sohn eines altösterreichischen Zollbeamten und Enkel eines bäuerlichen Häuslers, ist er braver Leute Kind. Da mit 15 Jahren doppelt verwaist, grämt es ihn, nicht mehr sorgenlos Rädelsführer bei Jungenprügeleien sein zu dürfen. Man versteht, dass es ihn wurmt, den Ehrgeiz ersticken zu müssen. Der Vater wollte aus ihm machen, was er selber war: einen Staatsbeamten. Dem Jungen gefielen die Pfarrerbeffchen und die kleidsame Priestertracht. Zeit seines Lebens liebte er Verkleidungen, genau so wie Monarchen es tun, die mehrmals am Tage Uniform und Zivilrock wechseln, um ihre begeisterten Untertanen und Milizen zu beglücken. Wenn ich ein Abt würde, träumt er. Nach diesem Traum begann er zu malen.

Waisenjunge sein, der nicht weiter weiss und seine Handwerkslehrzeit beginnen muss anstatt Kinderphantasien fortzusetzen, das ist gewiss hart. Aber warum trägt Hitler das alles nicht schlicht vor? Warum versichert er, dass er schon zusammen mit der nahrhaften Kindermilch seiner Heimat das fanatische Grossdeutschentum in sich eingesogen habe?

Durch jede dieser Knabenerinnerungen will er beweisen, dass die Vorsehung ihm ganz besondere Erfolge schuldet. Er will ein Held unter den Knaben gewesen sein. Das Heldentum wird zerbrochen, da er als Architekturzeichner zu lernen hat, und jetzt sollen die Freunde erfahren, mit welcher übermenschlichen Energie er sich schon frühzeitig über all diese Misère hinwegschwang. Sein Tag hat nicht 24 Stunden, sondern viel mehr, und jede Minute und jede Sekunde ist er fähig, sich zu einem grossen Kenner der Geschichte aller Staaten und besonders der deutschen auszubilden.

Er drapiert sich mit heroischen Kräften. Er schildert seine Einsiedlergelüste, die ihn dann fassten, wenn Feierabend kam und er in seiner Kammer die Bücher aufschlug. Dann fühlte der Zeichnerlehrling sich schon so wie der geniale Faust in seinem Gedankenlaboratorium.

Aus all dieser Selbstvergötterung ist herauszulesen, dass der arme Kerl, der ein Künstler sein wollte und ein Handwerker sein musste, nicht auf Rosen gebettet war.

Es gehört zu seiner besonderen Natur, dass er sehr viel von seiner Geduld und frühzeitig aufspriessenden Klugheit hermacht; er beteuert, dass er alles deutsche Elend und alle deutsche Grösse schon in einem Alter erfühlte und begriff, da seine Jugendgenossen noch die kurzen Hosen abrieben. Besonders die Weltgeschichte soll ihm ihren letzten Sinn bereits damals offenbart haben. Dass ihn die »Herablassung gewisser mit dem Volk empfindender« Modeweiber in Röcken und Hosen »kränkte«, spricht für den stolzen Jungen.

Wer vom Leben kein gutes Brot empfängt, wird bald der guten Worte salbadernder Menschenfreunde überdrüssig. Also peinigte den jungen Hitler das ganz gesunde Proletarierblut. Der primitive Oppositionsgeist, der die Armen gegen die Reichen treibt, und der es tut bei Deutschen und Welschen, bei Juden und Hottentotten, er schüttelte auch den Handwerksburschen.

Er übersiedelte nach Wien, um dort Arbeit zu finden. Er sargte die Akademikerwünsche ein und schuftete auf Bauplätzen und in Dekorationswerkstätten, weil er Häuser nach seinem Geschmack weder entwerfen noch aufmauern konnte. Das ist internationales Arbeiterschicksal. »Nein!«, sagt Hitler, »das ist mein kerndeutsches Schicksal.«

Er ist eben, sieht man ihn genau an, eine ungewöhnliche Unglücks- und Stänkernatur. Ihn beutelt das Unbehagen, weil die Arbeitskameraden ihn in die Gewerkschaft hineinziehen wollen. Überall wittert er Terrorismus und Hinterlist. Die paar Kreuzer Verbandsbeitrag, die allwöchentlich von ihm verlangt werden, will er nicht hergeben.

Nicht aus Geiz, sondern aus jener Gesinnung, auf die er besonders stolz ist. Diese Gesinnung charakterisiert er. Sofort hat er das Schlagwort vom Marxismus in Bereitschaft. Die Gewerkschaften betreiben, wie er es einschätzt, einseitige Parteipolitik.

Die Gewerkschaft will das Mitglied von den höheren Menschenzielen abziehen, sie will das Individuum unterdrücken, indem sie vorgibt, ihm bessere Erwerbsmöglichkeiten zu verschaffen.

Hitler empört sich. Sein Aristokratentum, für das er keine vernünftige Erklärung gibt, für das er nur sein eingeborenes Urgefühl verantwortlich macht, lehnt die Nivellierung ab. Deshalb zieht er sich angewidert in seine Kellerwohnung zurück. Deshalb schmollt er, deshalb schmäht er. Deshalb erfindet er schon damals das Schlagwort von der Weltpest des Marxismus.

Und dann die Juden! Sie erscheinen ihm als die Vertreter aller Schlechtigkeit. Er erblickt ihren Reichtum in den Stadtteilen der Begüterten. Mit Missfallen studiert er aber auch die schmutzig herumschleichenden jüdischen Proletarier, die in Wien um ihr Brot schachern und die Mittel zur Bestreitung des Existenzkampfes nicht sehr wählerisch anwenden. Kurz, Hitler wird, da er ungefähr 20 Jahre zählt, zum entschiedenen Antimarxisten und Antisemiten.

Man stelle sich das nicht so vor, als wenn er die beiden Probleme eifrig und wissenschaftlich an der Quelle studiert hätte. Alles an ihm ist Instinkt und Improvisation. Er schimpft, vorläufig noch für sich, gegen die semitische Rasse; er nennt sich, vorläufig noch in der Abgeschlossenheit seiner Kammer, einen deutschen Edelmann.

Durch solche Abwehr schützt er sich gegen die Minderwertigkeitsgefühle, die ihn plagen, weil der Wochenlohn schmal ist. Der Lohn konnte nicht reichlicher sein, weil Hitler eben die normalen Arbeitsmöglichkeiten vermied, weil er ausserhalb der Gewerkschaft, die ihm einen Existenzschutz versprach, marschieren wollte und auf Gelegenheitsarbeit angewiesen war. Das ist nun sein Unglück, das ist nun die besondere Weisheit, die seinen Aufstieg vorläufig hemmt.

Er wollte ein Einzelgänger sein. Die Logik für seine Eigenbrödelei ist nicht ganz durchsichtig. Er war von Anfang an ein überschwenglicher Extremist, er verachtete ebenso sehr den normal strebsamen Berufsgenossen im Arbeitskittel wie den Händler mit der Hakennase.

Da er sich freiwillig im eigenen Rang mächtig erhöhte, musste er leiden. Er schloss sich nicht den Leuten an, die am Anfang des XX. Jahrhunderts die Macht besassen, um das Leiden zu lindern. Er suchte Tröstung allein bei den grossen Phrasendreschern des Grossdeutschentums.

Sie blühten in Wien. Sie gediehen in Wien unter dem Patronat des Bürgermeisters Lueger und des Parlamentariers Schoenerer. Beide waren blühende Antisemiten, sobald sie in der Öffentlichkeit auftraten. In der praktischen politischen Arbeit übten sie grössere Geschmeidigkeit und Duldsamkeit.

Es gehörte jedoch zu ihrer Taktik, der Masse, die sie an sich ziehen wollten, die fanatische Unduldsamkeit anzuraten. Ewige, nicht ausrottbare, für die oberflächliche Agitation erprobte, für die Dauerhaftigkeit jedoch wenig geeignete Schlagworte wurden der Masse hingeworfen.

Das ungeübte Gehirn wurde betrommelt. Auch Hitler gab sich mit innerster Befriedigung diesen blendenden Agitatoren hin. Mit Nibelungentreue hielt er zu ihnen, auch als die anderen Mitläufer schon längst ihren Verstand wiedergefunden hatten. Zum Handwerkszeug seines Geistes gehörten fortan die Schlagworte: gegen die Sozialisten und gegen die Juden. Schoenerer erfand dazu noch das Schlagwort: »Los von Rom«. Auch darin verbiss sich Hitler eine Zeitlang mit ungeheurer Wildheit. Es bedeutete: gegen Rom.

Aus seiner unbefriedigten Sehnsucht nach gutem Erwerb und behaglichem Dasein hätte er auch das Schlagwort: los vom Mond oder gegen den Mond mit Emphase aufgenommen. Das Losgehen, das Gegenstürmen, all diese mehr träumerische als praktische Schwärmerei, es entsprach durchaus seiner Stimmung. Er fand, dass er sehr klug und moralisch sei, wenn er gegen Gewerkschaften und gegen Judentum wütete.

Als Ersatz für die Glücksgüter, die ihm versagt wurden, schuf er sich sein Grossdeutschentum. Hier entdeckte er ein Land, in dem er sich hoffnungsvoll ansiedeln durfte. Es war ein Gebiet, das für ihn nur trockene Früchte trug. Es war ein Nebelland, doch es muss zu seiner Ehre gesagt werden, dass er gern darin wohnte.

Sein Grossdeutschentum begründete sich auf eine Märchenstimmung. Der junge Mann von zwanzig Jahren hatte allerhand historische Bücher gelesen, in denen von erfolgreichen Eroberern die Rede war. Die deutschen Kaiser hatten den Süden und Westen Europas und sogar den byzantinischen Orient erobert, und dieses mittelalterliche Alexandertum schmeichelte dem Gelegenheitsdekorateur Adolf Hitler. Wie, wenn das alles wiederkäme? Er zerbrach sich also den Kopf mehr für die Zukunft als für die Gegenwart.

Da die Gegenwart ihm in Wien fast nichts bot, wanderte er nach München aus.

Das Chaos seiner Ideen klärte sich auch nicht auf bayrischem Boden. Er blieb weiter ein grossdeutscher Ideologe, er stieg noch tiefer in seine Verbitterung gegen die Juden hinein.

Er nannte für sich diese Regungen Antimarxismus und Antisemitismus. Hatte er Recht?

Eine ruhige Betrachtung seiner Ideen erweist, dass er weder vom Judentum noch vom Sozialismus viel begriffen hatte. Nach oben wollte er, doch er wollte springen, er wollte nicht behutsam auf den enggesprossten Stufen der Wirtschaft emporsteigen. Da er so schwach war, gefiel er sich in Kraftmeierträumen.

Gegen die Wirklichkeit, die sich ihm hilfreich geboten hätte, tobte sein Individualismus. Die Gesetze, die das Gemeinschaftsleben der arbeitenden Klasse regeln, enträtselte er nicht. Die Weltgeschichte, die er aufblätterte, belehrte ihn nur dahin, dass die Glücksritter das anfeuernde Beispiel für den kleinen Mann zu liefern hätten.

Er studierte gern Kriegschroniken. Es imponierte ihm die Legende, wie etwa dass der asiatische Eroberer Dschingiskhan mit einem Blutmal in der Hand geboren worden sei. Er schreckte nicht davor zurück, in den Baumeistern der Weltwirtschaft und der deutschen Volkswohlfahrt nur selbstsüchtige Schieber und Betrüger zu sehen und besonders alle sozialistischen Denker und Führer dieser sittlichen Verworfenheit zu beschuldigen. Die Kriegshelden, die Landeroberer, der wirkliche Napoleon und die winzigen Napoleoniden waren allein seine Vorbilder.

Nachdem er sich in München von 1912 bis 1914 schlecht und recht durchgebracht hatte, brach am 1. August der Weltkrieg aus.

Jetzt glaubte er, dass seine Zeit gekommen wäre.

München 1912, da hatte er sich als einen zu spät Geborenen bedauert. Er war nicht arbeitsscheu gewesen, doch er schielte allzu häufig, vollgestopft von politischer und nationalökonomischer Romantik, in die Vergangenheit zurück.

Anstatt gründlich allein oder mit Hilfe von Männern, die wissenschaftlich etwas gelernt oder praktisch etwas erfahren hatten, die Geschichte seines Volks und dessen soziale Struktur zu studieren, legte er sich die Frage vor: warum bin ich nicht zur Zeit der deutschen Befreiungskriege geboren?

Junge und alte Männer, die mit ihrer Gegenwart und mit ihrer Zukunft nichts anzufangen wissen, stieren immer rückwärts oder in die Zukunft. Sie sind deswegen nicht klüger oder würdiger als die Praktiker, die all ihre Kraft der Gegenwart widmen. Die Romantiker, die mit Vergangenheit und Zukunft spielen und die Gegenwart vermeiden, als wenn sie ein wüster Hohlraum wäre, sind deshalb nicht nützlicher für ihr eigenes Fortkommen und für ihre eigene Umgebung.

Hitler seufzte: »Ja, wäre ich 1813 geboren, da der Mann auch ohne ›Geschäft‹ noch etwas wert war.« Das heisst alles: er bedauerte, dass seine hier schon charakterisierte Kriegslust, mit der er, der unbekannte und auch knabenhaft durch die Heldenbücher wirbelnde Handwerksmann, nicht ganz Deutschland entzündete. Endlich erzählt er, dass er bei der Nachricht von der Ermordung des österreichischen Thronfolgers Franz-Ferdinand in die Knie gesunken wäre, um dem Himmel zu danken, der ihm den heissersehnten Krieg zur Auferweckung Deutschlands schenken wollte. Diese Gebetszene beschreibt er mit Wollust. Er ist nichts, er will etwas sein. Er wird Soldat. Als Kriegsfreiwilliger tritt er in das sechzehnte bayrische Reserveregiment ein.

Er ist tapfer. Zweimal wird er verwundet. Eine Gasvergiftung hätte ihn beinah um das Augenlicht gebracht. Das eiserne Kreuz erster Klasse ist sein Lohn. Er wird Offizier. Der Krieg sicherte ihm die Existenz, der er bisher nicht Herr geworden war. In leidlicher Gesundheit des Körpers kehrte er von der Westfront nach München zurück.

In welcher geistigen Verfassung?

HITLER ENTDECKT SEINE IDEE

Der Weltkrieg machte Millionen von Menschen zu Kriegsgegnern.

In der Erinnerung an das grauenvolle Blutvergiessen spannten sie jeden Gedanken und jedes Gefühl an, um sich aus einer Krankheit zu erlösen, die sie nach dem Erwachen aus dem Blutrausche wie eine Mörderkrankheit empfanden.

Alle grossartigen Regungen, die Bereitschaft zur Aufopferung, die Vorstellung, allein der Verteidigung des heimischen Grundes und Bodens gedient zu haben, reichten nicht aus, um die unzähligen Massen der Kriegsteilnehmer zu neuer Kriegssehnsucht zu bewegen. Selbst die Unzufriedenen, die unter der Niederlage ihres Volkes schmerzlich litten, verlangten nur Ruhe.

Was sie dachten, was sie rechneten, was sie für sich und ihr Volk erreichen wollten, das war nichts anderes als der Wille, Friedenszeit für die Erholung und Heilung aller empfangenen Wunden zu gewinnen. Dabei forderten diese Kriegsgegner mit bestem Gewissen den Burgfrieden für sich und die Welt. Wer es gewagt hätte, sie als schlaffe Egoisten zu verleumden, würde bald einen Schlag aufs Lästermaul erhalten haben.

Hitler war tief unglücklich, vom schlammigen Schützengraben auf die trockene Erde zurückklettern zu müssen. Das Kriegshandwerk hatte ihm ausserordentlich behagt. Der Himmel, dem er bei Beginn des Krieges kniefällig gedankt hatte, war seinem glühendsten Wunsch entgegengekommen. Verkrüppelung und die Gefahr der Erblindung hatten ihn nicht geschreckt, den Namen des Helden verlangte er.

Millionen von Soldaten hatten das gleiche geleistet wie er. Aber er liebte die grosse Geste und das grosse Wort. Man soll ihm deshalb den Heldentitel nicht verweigern.

Während des Krieges dachte er auch an den Frieden. Doch er sollte nur geschlossen werden nach einer vollkommenen Vernichtung des Feindes. Nun, da dieser Plan nicht gelungen war, entglitt ihm sein eigentlicher Lebensinhalt.

Mit welchen Gedanken und Gefühlen er sein Leben fundieren, welches Glücks- und Friedensprogramm er zu verwirklichen hoffte, soll später erst erörtert werden. Hier wollen wir vorläufig erst verweilen, um Hitlers Seelenzustand zu beschreiben.

Er vergrub sich, da er Flinte und Revolver nicht mehr entsichern, da er Handgranaten und Minen nicht mehr schleudern, da er Giftgase nicht mehr spritzen durfte, sofort in eine grimmige Menschen- und Massenfeindschaft. Er verstand, wie man's poetisch und pathetisch auszudrücken pflegt, die Welt, die ihn um den goldenen Kriegerruhm zu betrügen schien, nicht mehr.

Auf Rache sann er. Es war sogar eine edle Rache, soweit man die subjektiven Empfindungen des enttäuschten Helden überdenkt. Das erloschene Kriegsfeuer wollte er wieder anfachen, eine heilige Flamme, wie es ihn bedünkte. Die Flamme sollte über die deutschen Grenzen hinüberschlagen und zurückschlagen in das Innere des Landes. Das deutsche Volk sollte den Krieg gegen den äusseren Feind fortsetzen, es sollte der Teil des Volks, der noch fähig wäre, sich durch die Hitlerparole entzünden zu lassen, Bürgerkrieg gegen die pazifistische Masse führen.

Das war ein Plan, in Hitlers Kopf vollständig geklärt. Sehr methodisch, auch sehr psychologisch wollte er zu Werke gehen. Er fragte sich darum: wie ist die Seelenverfassung der Volksmasse, mit der ich zu paktieren oder gegen die ich zu agitieren habe?

Das heisst alles: er wollte ein Propagandist sein. Für eine Propaganda ist eine Idee notwendig. Vorläufig war für Hitler die Propaganda wichtiger als die Idee.

Der Kriegsmann, der gehorchen und befehlen gelernt hatte, wollte das Gehorchen aufgeben und sich nur noch dem Befehlen hingeben. Die Masse in jedem Punkt seinem Befehl zu unterwerfen, das war sein Traum, seine Tat sollte das sein.

Er zog die Bilanz über die Wirksamkeit seiner Propagandamittel, den Erfolg, den er mit diesen Mitteln erringen durfte, rechnete er emsig und mit bewunderungswürdiger Folgerichtigkeit aus.

Es ist in Hitlers Lebenserinnerungen eine merkwürdige psychologische Auseinandersetzung zu lesen. Er glaubt, das Weib fühle sich nur dann am wohlsten, wenn es brutalisiert und in strenger Hörigkeit gehalten werde.

Das Zusammenleben zwischen Mann und Weib regle sich allein nach diesem Gesetz. Das Weib wäre desto besser, es diene desto schmiegsamer dem Nutzen und der Freude des Mannes, je böser, je rücksichtsloser, je tyrannischer der Mann sie seiner Gewalt unterwerfe.

Nun meint Hitler, auch in der Masse des Volks diese seltsame Neigung des Weibes zu entdecken. Selbst die aus bärtigen Männern, selbst die aus ordengeschmückten Aktiven, Reservisten und Landstürmern zusammengesetzte Masse werde in ihrer Gesamtheit niemals diesen weibischen Zug verleugnen. Männer verwandeln sich demnach sofort in Weiber, sobald sie in Reih und Glied treten.

Dieses Hitlersche Naturgesetz werden nur wenige Auserlesene überwinden. Hitler fühlt, da er ja schon durch seine Kriegsberufung das Walten der Göttlichkeit verspürte, dass ihn die himmlische Vorsehung zur Garde dieser Auserlesenen emporhob.

Diese mystischen Kräfte will er entfalten. Die Widerstände, die ihn daran hindern könnten, will er brechen. Die weibische Masse will gehorchen, sie will sich beugen, sie will der »rücksichtslosen Kraft« gehorsam nachgeben.

Er erklärt, dass die deutsche Sozialdemokratie und deren Organisationsführer ihn zum ersten Male dieses Naturgesetz mit absoluter Deutlichkeit erkennen liessen. Die Führer der deutschen Sozialdemokratie hätten die Taktik der Brutalisierung der weibischen Masse ausserordentlich verfeinert. Nun handelte es sich für ihn darum, die sozialdemokratisch verführte und brutalisierte Masse seinem Willen gefügig zu machen, also der Brutalität der sozialdemokratischen Führer die Hitlersche Brutalität entgegenzustellen.

»Der Terror auf der Arbeitsstätte, in der Fabrik und im Versammlungslokal und anlässlich der Massenkundgebungen wird immer von Erfolg begleitet sein, solange ihm nicht ein gleich grosser Terror entgegentritt.« Das ist Hitlers Propagandagesetz.

Hitlers Verbitterung auf der Arbeitsstätte und in der Fabrik wurden schon charakterisiert. In Wien und München stemmte er sich gegen die Gewerkschaften. Er glaubte es seiner Individualität schuldig zu sein, dass er nicht mit den Arbeitskameraden zusammenging.

Jetzt, nach dem Kriege und nach dem politischen Umsturz vom November 1918, entdeckte er, dass die Sozialdemokratie die Gewerkschaften ausschliesslich als »Instrument zur Zertrümmerung der nationalen Wirtschaft« missbraucht. Der junge Grossdeutsche von Wien und München war durch den Krieg erst recht in seinen grossdeutschen Ideen bestärkt worden. Er wünschte, das gesamte, so komplizierte Gewerkschaftsleben auf die deutsche Heimat zu begrenzen. Weil nun die deutschen Gewerkschaften nach dem Krieg wiederum internationale Beziehungen anknüpften und diese Internationalität als ein Mittel zur Förderung der Wohlfahrt unter den Arbeitermassen aller Völker anpriesen, empörte Hitler sich. Keiner anderen Arbeiterschaft als der deutschen gönnte er das gute Auskommen. Das deutsche Volk sollte sich nur aus seinem eigenen Boden ernähren, es sollte unbedingt fremdenfeindlich sein. Es sollte die internationale Organisierung der Arbeitermassen um jeden Preis ablehnen. Wie chinesische Boxer sollten die deutschen Arbeiter bis zum letzten Atemzug diesen Kampf führen, sie sollten deshalb unaufhörlich den Frieden bekämpfen und nur an die Fortsetzung des Krieges denken.

Für Hitler stand es fest: dieses materielle und geistige Barrikadenmanöver trieb seit Ewigkeit Mensch gegen Mensch und Volk gegen Volk, es wird auch heute nicht anders sein.

Wie denn? Die Völker schufen sich Parlamente. Was ist ein Parlament? Es ist eine Körperschaft, die sich anmasst, dem Volke Gesetze zu geben, und diese Gesetze werden durch Mehrheiten beschlossen, und die Mehrheiten bestimmen wieder die Männer, die diese Gesetze anzuwenden haben.

Aber diese »Mehrheit von Menschen« ist schwankend. Sie kann als Mehrheit niemals zur Verantwortung gezogen werden. Das Abtreten parlamentarischer Regierungen, an deren Stelle neue Koalitionen der nämlichen Mehrheit treten, kann man doch nicht eine ausreichende Strafe nennen, wenn die regierungstechnischen Massnahmen misslingen.

Hitler wünscht daher, wenn man so sagen darf, an Stelle der juristischen Personenmehrheit, die in Wirklichkeit nur eine rechtliche Fiktion bedeutet, eine nicht fiktive körperliche Person, die unbedingt für Irrtümer oder schon ausgeführte politische Missetaten bestraft werden kann.

Wer ist diese in jedem Fall erreichbare, verantwortliche Person?

In den vier Kriegsjahren hat Adolf Hitler dieses Problem nach allen Seiten durchgegrübelt. Als die deutsche Republik, das zweite Reich, nach dem Novemberumsturz von 1918 ihr Leben begann, war er zu dem Schlusse gekommen, dass sich für diesen Zweck allein ein Mann vom Hitlerschen Schlage eigne.

Ob er weiss, dass selbst der erste Zersprenger des aus der sozialen Demokratie erwachsenen Parlaments, dass Oliver Cromwell, der Diktator, sich als persönliches Prunkstück ein Parlament nach seinem Willen schuf, dass also dieser Diktator fürchtete, nicht ohne die »schwankende Mehrheit« eines Parlaments auszukommen?

Cromwell setzte sein Parlament zunächst nur aus Männern zusammen, die dem Lordprotektor gefielen. Zunächst sah dieses Parlament von der Gnade des Diktators so aus, als wenn es die Gnade seines launischen Begründers niemals abschütteln würde. Und trotzdem entstand aus dieser Körperschaft, die in allem von der Laune ihres Gründers abhing, jenes demokratische Parlament, das beispielbildend für alle modernen Nationen wurde.

Hitler hat stets als seine Lieblingsbeschäftigung das Studium der Geschichte bezeichnet. Hat er in punkto Parlament sein Studium vergessen? Oder hat er nur oberflächlich gelesen? Oder wollte er absichtlich vergessen?

Die blumigen Ausdrücke und Ehrentitel, mit denen er die Institution der Parlamente schmückt, werden gekrönt, indem er jeden Reichstag eine »Hammelherde von Hohlköpfen« nennt. Hohlköpfe – das ist die Gattung Mensch, gegen die er sich wendet.

Hohlköpfe – und seinen mit Diktatorenweisheit bis zum Rande angefüllten Kopf, den einzig männlichen, an den er glaubt, will er brutal zur Leitung, das heisst zur Vergewaltigung jener Masse gebrauchen, in der er ja nur eine Ansammlung von schwachen Weiberhirnen erblickt.

Mit Emphase fragt er: »Ist nicht jede geniale Tat auf dieser Welt der sichtbare Protest des Genies gegen die Trägheit der Masse?« Mit solchem Satz enthüllt er vollständig, was in seinem Innersten vorgeht.

Eben war die Masse für ihn noch weibisch und schwach, jetzt, jetzt ist sie auch schläfrig und faul. Jetzt ist sie auch unproduktiv und bringt weder gute Gedanken noch gute Absichten hervor. Adolf Hitler bespiegelt sich andächtig, und indem er mit Wonne sein Spiegelbild betrachtet, verkündet er seinen Glauben an den »aristokratischen Grundgedanken der Natur.«

Das ist eine sehr pompöse, gewaltig ins Mythische hineinsteigende Wendung. Ihren Sinn zu definieren, ist sehr schwierig, ihren Unsinn zu ahnen, ziemlich leicht.

Der Schöpfung oder der Natur oder den Volksgemeinschaften werden jene Grundgedanken untergeschoben, mit denen der selbstgefällige Entdecker der Idee sich selbst drapieren möchte. Der Enkel des Häuslers, der Sohn des Zollbeamten, der arme, kleine, schlechtbezahlte Handwerksbursch, der nach den Träumen seiner Knabenzeit gern ein Abt geworden wäre, gibt selbst unter dem Drucke der Nachkriegsnöte all diese Schwärmerei nicht auf.

Die Welt soll in ihm das Erzeugnis des aristokratischen Grundgedankens der Natur respektieren. All sein Wille ist darauf gerichtet, dieses Ziel zu erreichen.

Angesiedelt im heiteren Bezirk solcher Ideen, solcher Wünsche der Selbsterhöhung, fährt er fort: dem Parlament steht gegenüber die »wahrhaftige germanische Demokratie der freien Wahl des Führers«.

Ein neues Wort erschallt: der Führer. Begnügen wir uns zunächst damit, als Führer jenen Mann zu bezeichnen, in dem sich die geistige, aber auch die körperliche Natur Hitlers verwirklicht. Später werden wir noch erfahren, welche Eigenschaften Hitler von dem Führer ausserdem verlangt. Wichtig ist in diesem Zusammenhange die Feststellung, dass neben der weibisch trägen und schwachen und nur der Brutalisierung würdigen Masse, genannt Demokratie, nach den Erwägungen Hitlers wenigstens eine bessere übrigbleiben darf, nämlich die germanische.

Er will diese germanische Masse, die nach seiner Meinung nicht so verkommen und verfallen ist wie die der übrigen Nationen, auch brutalisieren. Aber er weist ihr wenigstens die schöne Aufgabe zu, die von altgermanischen Stämmen erfüllt wurde, wenn sie zur Wahl ihres Königs oder Herzogs zusammentraten.

Das ist seine Barmherzigkeit gegenüber der Masse, die er sonst gründlich verachtet.

Fordert sie zur Führung ihrer Geschicke einen Mann ihrer Wahl, dann ist sie unvernünftig und auf schlechtem Wege. Gibt sie sich dazu her, dem Mann seiner eigensten Wahl die Leitung des Volks anzuvertrauen, dann belobt er sie, wenn auch immer noch mit Zurückhaltung.

Wahrlich, es ist ein stolzes Spiel, das er treibt und bei dem er allein gewinnen möchte.

Er spricht davon, dass im Parlament der deutschen Republik nur die »politischen Gelegenheitsarbeiter« ihr einträgliches Mandat verwalten.

Wie könnte es auch anders sein?

Es gibt eben ausser ihm und den Männern, die er erkürt, keinen fleissigen und systematisch sorgenden Volksbeglücker. Aus der trägen Masse können nur diese halben Existenzen hervorkommen. Doch im gleichen Atem nennt er auch die Masse die »Trägerin des revolutionären Widerstands«.

Was trifft nun zu: der Widerstand oder die weibische Schwäche?

Der Widerspruch ist bald aufzulösen. Wenn die Masse sich für den Mann vom Hitlerschlag entscheidet, dann wird sie liebkost, entscheidet sie sich gegen ihn, dann soll sie zerstampft und mit Beschimpfung bestraft werden.

Die politischen Agitatoren und Propagandisten bedienten sich zu jener Zeit der nämlichen Taktik. Solange sie die Masse brauchten, war sie die Gemeinschaft der edlen und höchst vernünftigen Individuen. Wollte die Masse sich nicht gebrauchen lassen, dann wurde sie abgeschüttelt als ein minderwertiges Pack.

Hitler, der Frontsoldat, schreibt: »Im ewigen Kampfe ist die Menschheit gross geworden, im ewigen Frieden geht sie zugrunde.«

Dieser Gedanke soll nicht nur auf das Geistige eingeschränkt, er soll auf den ganzen körperlichen und aktiven Militarismus ausgedehnt werden.

Hitler erklärt das: Der Boden der Heimat reicht nicht aus, um die Gesamtheit der gefrässigen Volksmasse zu ernähren. Wer sich einbildet, durch Vervollkommnung moderner Produktionstechnik diesen Übelstand zu beseitigen und also aus dem Ertrage des vorhandenen Landes den Hunger des Volkes einigermassen zu stillen, der irrt. Das Volk, das sich fortpflanzt, wird gezwungen, die Landesgrenze zu sprengen. In den ewigen, in den politisch erstarrten Grenzen erstickt das Volk. Also heisst es, dem Volke ein Auspuff- und Verzweigungsgebiet zu sichern.

Wo liegt es? Natürlich in den Gefilden des Nachbarn. Oder es könnte auch zu suchen sein in noch brachliegenden, auf die Kolonisierung wartenden Urgebieten. Hitler sagt, Hitler befiehlt Aufbruch zu diesen Paradiesen.

Vier Jahre des Kriegs genügten ihm nicht. Fortsetzung, ja Verewigung des Kriegs, das ist Gesetz. Entdecker des Gesetzes und Gesetzgeber ist er allein. Die Masse hat ihm unbedingt zu gehorchen. Tut sie es nicht, dann ist sie zu brutalisieren.

Er gibt sich nicht mit dieser Aufrechnung des politischen Siedlungsproblems zufrieden. In ihm lebt die Vorstellung, dass jedes Land verpflichtet sei, um sein Kerngebiet und um das notwendigerweise erweiterte Ausdehnungsgebiet einen Kriegsgürtel zu schlingen.

Was ist das? Das muss sein ein über das Ernährungsgebiet noch weiter hinausgeschobener Bodenbesitz. Dieses Gelände braucht ein Volk, wenn die Nachbarn unbequem werden. Es könnte ja der Fall eintreten, dass die Nachbarn nicht freiwillig auf das ihnen abgenommene Ernährungsgebiet verzichten. Dann muss die Nation aufmarschieren. Also erfordert das nationale Kerngebiet noch ein Ernährungsgebiet, und das Ernährungsgebiet verlangt wieder das Gebiet für den kriegerischen Aufmarsch. Krieg, Krieg in Ewigkeit!

Wenn Hitler die Masse bewogen hat, ihm die Führung anzuvertrauen, dann ist das die einzige Lösung. Wenn die Nationalisten und Militaristen Frankreichs der nämlichen Idee huldigen, indem sie nach dem deutschen Rheinland schreien, so benutzen sie nur die Hitlersche Taktik. Man stellt das fest und sieht, dass die deutschen und französischen Nationalisten in die gleiche

Schule gehen. Es tun die Nationalisten des europäischen Südens und des Balkans nichts anderes.

Die Erde Europas wird aber im ewigen, ausdörrenden Brande gehalten. Europa ist klein, und selbst die unermesslich weiten Kolonialgebiete könnten in der Vorstellung der europäischen Begehrlichkeit zu winzig werden, und Wünsche und Länder, die nur auf Hitler hören, prallen zu stets heftigerer Reibung zusammen. Unaufhörlich stieben die Kriegsfunken.

So einfach, aber auch so gefährlich sind die Hitlerschen Gedankengänge.

Um Hitler zu verstehen, muss man begreifen, was er sich zum Thema der politischen Propaganda zurechtlegt:

Schon während er als Soldat im Schützengraben an der Somme lag, interessierte ihn dieses Thema von der Propaganda mächtig. Er ist sich dessen bewusst, dass alles, was er für seine Propagandazwecke empfiehlt, gar nicht unmittelbar auf einer durchdachten Idee zu beruhen hat. Er macht ausdrücklich keinen Unterschied zwischen dem Reklamechef eines Geschäftsunternehmens und dem Organisator der politischen Reklame.

Die Masse muss beim Instinkt gepackt werden. Närrisch wäre der Versuch, die Vernunft der Masse zu reizen. Nein, Habsucht und Begehrlichkeit der Masse müssen aufgestachelt werden.

Die Frage nach der Gerechtigkeit irgendeines kriegerischen Unternehmens erscheint ihm ganz unwichtig. Wiederum wendet und dreht er mit aller Deutlichkeit die Vokabel von der Brutalität. Die Masse, die seiner Erkenntnis nach gleich dem lüsternen Weib nach der Vergewaltigung schreit, muss um jeden Preis davon überzeugt werden, dass die benachbarte Nation, oder auch nur der andersgesinnte Landsmann, ein miserabler und bedrohlicher Widersacher ist.

Das versöhnliche Verhandeln, die Hoffnung auf Ausgleich irgendwelcher Gegensätze, jeder moralische und jeder politische Pazifismus, jede auf inneren Frieden hinsteuernde nationalökonomische Erwägung, alle Milde diplomatischer Umgangsformen und Verhandlungsgrundsätze werden als schädlich und deshalb als aussichtslos abgelehnt.

Der Gegner ist ein Feind. Die Ausrottung des Feindes empfiehlt sich absolut. Rein körperlich ist der Feind auszurotten, damit sein Geist und sein Gefühl nicht wachsen und wuchern könne und etwa die in der Hitlerhand ruhende Masse verseuchen.

Das moralische und unter Umständen, nein, unter allen Umständen das vollkommen körperliche Erschlagen des politischen Gegners, das gebieten die Kampfparole und Siegparole des Propagandisten Adolf Hitler.

Rücksichtslose Brutalität, Terror, Schonungslosigkeit, Ausschalten der Gnadengefühle, mögen sie auch zur Verständigung eine Weile erwogen werden, Hitlers Propaganda gebietet diese bedingungslose Grausamkeit.

Gerechtigkeit ist niemals zu respektieren. Die bewusste, die mathematisch berechnete, die kaltblütig durch den Willen zum letzten Erfolg vorbereitete Ungerechtigkeit, das ist Hitlers Propaganda. Er erklärt: Du hast für Seife Propaganda zu machen. Du wirst auf deinem Plakat nicht sagen, auch niemals mit dem leisesten, verlegensten oder verlogensten Ton, dass an der Seife des Konkurrenten vielleicht auch etwas Gutes ist. Blindlings, und weil du ein hellsichtiger Geschäftsmann bist, wirst du nur für deine Seife und für deine Sache eintreten. Du wirst darum des anderen Ware und des anderen Weltanschauung in Grund und Boden verdammen, schmähen und verleumden. Dein Erfolg ist dann sicher: kein Hund wird mehr auf das Produkt deines Konkurrenten anbeissen.

Was, ein lauterer Wettbewerb wäre bei noblen Kaufleuten und deren Propagandachefs nicht verachtet? Er wäre bei ihnen sogar als Zeichen der Standesnoblesse Überlieferung? Nein, kein kaufmännischer und politischer Propagandist ist zur Vornehmheit verpflichtet. Verpflichtet ist er nur, für sich allein die Trommel besessen zu rühren, damit er Trommelfell und Widerstand der, ach, so weibischen und noch nicht gewonnenen Masse zerdröhnt und zermürbt.

Das alles ist nicht bildlich zu verstehen, sondern wortwörtlich und im körperlichsten Sinne.

Hitler empfiehlt: Der Propagandist lasse sich nicht bestimmen von der »ewigen Wahrheit«. Über die ewige Wahrheit der Humanität, der Vernunft, der Nächstenliebe und ähnlicher Begriffe, die den Moralisten wert wurden, lächelt er ironisch. Der Hitlersche Propagandist lasse sich leiten »in seinem Handeln mehr von der jeweiligen praktischen Wirklichkeit«.

Je freier ein Politiker sich dabei »von grossen Ideen hält, um so leichter und häufig auch sichtbarer, immer jedoch schneller werden seine Erfolge sein«.

Nach dieser Methode hat Hitler selbst begonnen. Er wurde im Frühjahr 1919 als »Bildungsoffizier« zu einem Münchener Regiment abkommandiert. Er begann, wonach er sich so lange gesehnt hatte, zu reden; und er begann, was elf Jahre später die im Hochverratsprozess zu Leipzig angeklagten Offiziere der deutschen Reichswehr begonnen hatten. Er begann die Soldaten, die ihn in ihrer Mannschaftsstube, also in ihrer »Zelle«, hörten, nach seiner besonderen, hier schon erörterten und im Verlauf der weiteren Betrachtung noch tiefer zu erklärenden Methode zu »nationalisieren«.

Die Ulmer Offiziere wurden nachher wegen der Vorbereitung des Hochverrats zu Festungsstrafen verurteilt und als unwürdig befunden, dem deutschen Heere angehören zu dürfen.

Vorläufig erhielt Hitler von seinen Vorgesetzten Auftrag, zu prüfen, welche Bewandtnis es mit einer Partei hätte, die den Namen »Deutsche Arbeiterpartei« führte.

Symbolisches Ereignis: die erste politische Versammlung, die Hitler zur Erledigung seines Auftrages besuchte, fand im Wirtshaus statt, im sogenannten »Leiberzimmer« des ehemaligen Münchener Sterneckerbräus.

TROMMELFEUER GEGEN SOZIALISTEN UND JUDEN

Zu Beginn des Jahres 1919 kamen regelmässig in einem Münchener Café sechs Schwärmer zusammen. Sie berieten über die ihnen sehr am Herzen liegende Frage, wie Deutschland aus Kriegsniederlage und Revolutionsschäden zu neuem Glanze erblühen könne. Die Männer, die dort mit gesenkten und heissen Köpfen beisammen sassen, konnten es nicht verwinden, dass Deutschland eine demokratische Republik geworden war. Sie hatten keine ganz bestimmte Vorstellung von dem, was der Novemberumsturz des Jahres 1918 für das Reich bedeutete; sie wussten nur, dass der Neuaufbau, der sich in Deutschland vorbereitete, ihnen nicht gefiel.

Die deutsche Republik, an deren Gründung nicht nur in Preussen, sondern auch in Bayern und in den übrigen Bundesstaaten hauptsächlich Männer sozialistischer Weltanschauung gearbeitet hatten, erschien ihnen als ein Staat voller Hässlichkeit. Sie hassten instinktmässig, und ohne dass sie sich logische Rechenschaft von ihrer Empörung zu geben vermochten, die neuen Männer in den neuen Regierungen. Sie glaubten zu sehen, dass die grosse Masse der Arbeiter, zu der sie ihrer Geburt und ihrer sozialen Abhängigkeit nach auch gehörten, nur Ausbeutungsobjekt einer kleinen Zahl ehrgeiziger Demagogen geworden sei.

Der innerpolitische Burgfrieden, der das deutsche Volk in den Novembertagen 1918 zu einer grossen Einigkeit zusammengerissen hatte, war längst aufgekündigt. Die sechs Kameraden nahmen sich vor, Nutzniesser der Bürgerkriegsparolen zu sein, die in allen Teilen Deutschlands über die Strassen und über die Volksversammlungssäle ausgerufen wurden.

Da sie sich als »Arbeiter« fühlen mussten, tauften sie ihre Gruppe der Unzufriedenen zunächst die »Deutsche Arbeiterpartei«.

Adolf Hitler, der, wie wir schon hörten, von seinen militärischen Vorgesetzten ausgeschickt wurde, um Bericht über die Umtriebe dieser winzigen Gruppe zu erstatten, sass bald mit den ersten sechs Mitgliedern der neuen Partei an dem gleichen Tisch.

Man beschloss, den Verschwörerwinkel zu verlassen und unter die Masse zu gehen. Hitler erhielt die Mitgliedskarte Nr. 7. Er war bald fleissig am Werk. Den Soldatenrock zog er aus. Propagandafragen hatten ihn schon beschäftigt, während er noch im Schützengraben an der Somme lag. Wir wissen, dass die Propaganda seine Lieblingsidee war. Was er propagieren wollte, wusste er allerdings noch nicht. Es war ihm auch gleichgültig. Er nährte in sich den Plan, eine politische Rolle zu spielen. Er wollte reden, agitieren wollte er. Er war sicher, dass sich schon irgendein Agitationsstoff für ihn finden würde.

Tiefen Grübeleien über den Inhalt der Propaganda, deren Organisation ihn in die Öffentlichkeit hineinschnellen sollte, gab er sich nicht hin. Die sechs Freunde, denen er sich anschloss, benutzten zunächst nur seinen guten Willen, seine gesunden Beine und seine schnellen Füsse.

In seinem Kampfbuch erzählt er, dass er an einem Tage selbst achtzig Werbezettel für die »Deutsche Arbeiterpartei« in die Häuser trug.

Nach und nach zeigte sich, dass der Propagandist Hitler seine Kameraden durch Tüchtigkeit, taktische Einfälle und Zähigkeit überragte. Er wurde tonangebend bei den Beratungen.

Er suchte zu seiner Unterstützung »Leute, flink wie Windhunde, zäh wie Leder und hart wie Kruppstahl«. Sie fanden sich auch. Sie wurden keiner besonderen Tugendprüfung unterworfen. Es gab zu jener Zeit eben genügend Leute, die irgendwelche Beschäftigung suchten und nicht erst fragten, wofür sie ihre Courage und Abenteuerlust herschenken sollten. Ein paar Inflationsmark verdienen, das war die Hauptsache.

Aber Hitler hatte sich ja schon seit Jahren überlegt, wie Menschen zu fischen und einzufangen seien. Jetzt verwirklichte sich sein Traum.

Die Freunde brachten einige Gelder zusammen, um Säle für Volksversammlungen zu mieten. Man hatte Erfolg. Anfang 1920 konnte man sogar schon in die Versammlungshallen der grossen Münchener Brauereien übersiedeln. Die neugierigen Massen, die wenig Brot und Freude und Zukunftshoffnung besassen, opferten manchen verschmutzten Papiergeldlappen, um sich Adolf Hitler, den Hauptredner dieser Versammlungen, anhören zu dürfen. So sehr befestigte sich der Einfluss Hitlers, dass er im August 1921 zum alleinigen Leiter der Bewegung gewählt wurde.

Aus der Bewegung war schon eine richtige Partei geworden. Sie nannte sich von jetzt ab die »Nationalsozialistische Deutsche Arbeiterpartei«, N.S.D.A.P.

Was erzählte Hitler seinen Zuhörern? Er erzählte: »Meise geht zu Meise, Fink zu Fink, der Storch zur Störchin, Feldmaus zu Feldmaus, Hausmaus zu Hausmaus, der Wolf zur Wölfin.«

Was er da vortrug, sollte keine Einführung in das Liebesleben der Land- und Lufttiere sein. Es sollte vielmehr nach diesem lyrischen Aufschwung ein Trommelfeuer folgen. Die Massen, die Ruhe, Arbeit und Vernunft brauchten, sollten in Siedehitze hineingetrieben werden. Sie sollten wüten gegen die Sozialisten und gegen die Juden.

Was hatte diese Parole mit den sehr hübschen zoologischen Auseinandersetzungen zu tun? Hitler hielt mit der Aufklärung nicht hinter dem Berge: Die liebessüchtigen Tiere sollten den Menschenmassen beweisen, dass diese bisher ganz unnormal gelebt hätten. Sie hätten ihre jüdischen Nachbarn bisher auch als Menschen eingeschätzt. Sie hätten bisher gar nicht bemerkt, dass die Juden in Deutschland nicht Menschen, sondern nur gemeingefährliche und bösartige Blutsauger seien. Geduldig und dumm hätte das deutsche Volk diese Qual ertragen. Nun wäre es Zeit zur Abwehr geworden. Das deutsche Volk müsse erkennen, dass es gegen seine Rasse, gegen sein nationales Glück und schliesslich gegen die Gesamtheit des Staates schwer sündige, wenn es nicht schleunigst die Ausrottung der Juden unternähme.

So war das mächtige, zündende Schlagwort von der »Rasse« gefunden, das Hitler unaufhörlich in den Bierhausversammlungen variierte.

Der Jude war ihm seit jeher widerwärtig gewesen. In Wien begegneten ihm die seltsamen jüdischen Gestalten in schleppenden Kaftanen, und er schüttelte sich zunächst rein körperlich. Er schwor sich zu, diesen Leuten die Fehde anzusagen. Er machte keinen Unterschied zwischen den Juden des Ostens und den anderen, die seit Jahrhunderten in Deutschland Bürgerrecht gewonnen und sich dieses Recht durch Erfüllung aller Bürgerpflicht gesichert hatten.

Ganz primitiv und durchaus nicht konsequent packte er die Masse. Heute machte er die Juden dafür verantwortlich, dass die bolschewistische Welle von Russland auch nach Deutschland herüberschlug. Tags darauf warf er den Juden vor, dass sie die grimmigsten Kapitalisten auf der ganzen Erde seien.

Er redete jedem seiner Hörer zum Schnabel. Er ermunterte den Feind des Kapitalismus, auf den Juden als den alleinigen Urheber aller geldgierigen Ausbeutung und Arbeitererniedrigung zu schimpfen. Die bürgerlichen Hörer beschwor er, auf der Hut zu sein, weil der bolschewistische Umsturz, also die Expropriation jedes mühselig und ehrlich erworbenen Privateigentums, zum Weltvernichtungsprogramm der Juden gehöre.

Besonders mühte er sich, seine Hörer von rechts und von links davon zu überzeugen, dass sie sich gegen die »Entrassung« wehren müssten, die ihnen durch die Juden drohe. Bald betonte er die verabscheuungswürdige körperliche Minderwertigkeit der Juden, bald ihre moralische Verworfenheit. Den grössten Erfolg versprach er sich, wenn er den Antisemitismus als Explosion eines kochenden sittlichen Gewissens anpries.

Jetzt hütete er sich, vom Rednerpodium aus die Masse weibisch, träge und feige zu schelten. Jetzt beteuerte er, dass jeder seiner respektablen Zuhörer ein »Prometheus der Menschheit« wäre.

Sein Hymnus auf die edle Rasse der Arier klingt stets in dem Fluch auf die Juden aus. Die germanischen Menschheitspromethiden durften sich nicht von Juden zertreten und vernichten lassen. Er beklagte, dass man nicht zu Beginn und während des Krieges zwölf- bis fünfzehntausend »hebräische Volksverderber« beseitigt oder unter Giftgas genommen hätte.

Unerschöpflich ist er in der Erfindung von Gründen, die den edelsten aller Menschen, also auch die edelste aller Massen, nämlich den Deutschen, den »nordischen« Menschen und die deutsche, die nordische Masse, zwängen, den Juden zu zerschmettern.

Gewiss, so argumentiert Hitler, das deutsche Volk gehöre zur arischen Rasse, und das Land der Arier reiche viel weiter als das Land der Deutschen, aber innerhalb der edlen Arierfamilie stellten die Deutschen den adligsten Zweig dar. Darum gehöre ihnen der erste Platz auf dieser Welt.

Ein wenig bekümmert es ihn wohl, dass die Arierfamilie so gross ist und auch andere Völker, etwa Engländer, Franzosen und Italiener umschliesst. Doch er findet sich schnell aus dieser Beklemmung heraus und ruft den Ariern, die keine Deutschen sind, ein Wehe zu, wenn sie sich dem Deutschen, dem edelsten Arier, feindlich zeigen sollten. Die Deutschen, die nordischen Menschen, sind nach seiner Auffassung die höchsten Schöpfer aller Kultur, aller Politik und aller Kunst.

Das ist für ihn Gesetz. Gesetz heisst auf lateinisch lex. Daher gilt Hitler jedes Mittel als legal, das zur Beglückung seines deutschrassigen Volkes angewendet wird. Nicht nur die Vergasung von zwölf- bis fünfzehntausend Hebräern, sondern auch der Versuch eines opferbereiten Mannes oder Jünglings, einen Unterdrücker des deutschen Volkes aus der Welt zu schaffen.

Einmal legt er sich die Frage vor, ob solche Tat moralisch sei. Der Unterdrücker braucht dabei nicht einmal ein fremdrassiges Scheusal zu sein, er kann auch zur Edelrasse der Deutschen gehören. Der Unterdrücker kann sogar ein Genie sein, ein Diktator, und kein Zweifel ist möglich darüber, an wen Hitler denkt, wenn er meint, dass ein Attentäter sich aufraffen könnte, »um den Todesstahl in die Brust des Einzigen zu stossen«. Und er tadelt diesen Führer des Mordstahls nicht. Er stellt ihn neben Wilhelm Tell und ist also bereit, den politischen Mord als befreiende und moralische Tat in seine politische Sittenlehre aufzunehmen. Dadurch, dass er das Absolvo über diesen Täter mit bebender Stimme ausspricht, fordert er nicht direkt zum politischen Morde auf, doch er wird nicht zögern, seine segnende Führerhand über den Täter auszustrecken.

Man bewundert Hitlers Mut. Er verkündet alles das nicht bloss als Theoretiker, sondern als Mann, der das Sittenbuch für seine Getreuen aufzeichnet, den Katechismus, aus dem sie Handhaben herauslesen sollen für ihre Zweifel, für ihre sittlichen Berechnungen und für das Letzte, das sie nach alledem wagen: die Tat.

Hitler schreckt dabei nicht vor dem Gedanken zurück, dass auch ein Mann seines Schlags durch den Mordstahl getroffen werden könnte, doch er fürchtet sich nicht vor solchem Berufsunfall, dem schliesslich alle Parteiführer ausgesetzt sind. Nur für einen geringen Augenblick ist er Gegner solcher politischen Mordtat, die ein fanatischer Märtyrer vielleicht auf sich nähme. Er verwirft die Tat aber nur, weil von dem Märtyrer und Mörder nicht alle getroffen werden können, die an irgendeinem Volksunglück schuldig sind.

Bald zeigt sich, wie man solche etwas dunklen und prophetischen Anwandlungen des Führers auslegen soll: Urheber an dem deutschen Unglück sind seiner Meinung nach die »Revolutionswanzen« und »politischen Knirpse«. Es habe sich nicht der Einsatz des braven Mannes, dessen Hand den Stahl führte, gelohnt.

Was Hitler wünscht, was er in Aussicht stellt, das ist die allgemeine und vollkommene Abrechnung nach dem Siege der Nationalsozialisten. Hitler ist nämlich gewiss, »dass einst ein deutscher Nationalgerichtshof etliche Zehntausende der organisierenden und damit verantwortlichen Verbrecher des Novemberverrats und alles dessen, was dazu gehört, abzuurteilen und hinzurichten hat.«

Und während er seine Mannen um sich schart, schärft er ihnen noch einmal ein, welches Verbrechen die richtigen Juden und die Judensklaven am deutschen Volke begehen: »Planmässig schänden diese schwarzen Völkerparasiten unsere unerfahrenen blonden jungen Mädchen und zerstören dadurch etwas, was auf dieser Welt nicht mehr ersetzt werden kann.«

Hitlers nächste Umgebung setzte sich zunächst aus jenen Intellektuellen zusammen, die sich mit nationalen Problemen und Rassenfragen beschäftigen. Er überliess die theoretische Betrachtung gern den Freunden. Er selber wollte nach aussen wirken, nichts anderes als der Propagandachef und Parteitrommler sein.

Wieder legt er sich die Frage vor: Wie ist die Masse am sichersten für die besonderen Rassen- und Nationalfragen zu gewinnen?

Die Masse hat Waffen zu tragen und zu gebrauchen, vielleicht auch ideelle, doch ebensowichtig wie der Geist ist die aus Metall gehämmerte Waffe, wenn der Krieg nach innen und nach aussen beginnt.

Hitler schreibt: »Es ist geschichtlich einfach nicht denkbar, dass das deutsche Volk noch einmal seine frühere Stellung einnehmen könnte, ohne mit denen abzurechnen, die die Ursache und Veranlassung zu dem unerhörten Zusammenbruch gaben, der unseren Staat heimsuchte.« Und weiter: »Rein militärisch gesehen, wird es vor allem jedem Offizier bei einigem Nachdenken einleuchten, dass man einen Kampf nach aussen mit Studentenbataillonen nicht zu führen vermag, sondern dass man dazu ausser den Gehirnen eines Volkes auch die Fäuste braucht.«

Nach dieser Einsicht baut er seine Organisation auf. Er beginnt den Bau jedoch nicht mit der Anlegung der Fundamente, also mit der Organisation der Massen, viel wichtiger ist ihm der Dachfirst, viel wichtiger der Führer.

Stolz lehnt er den Glauben ab, dass etwa der Führer auf den Schultern seiner Getreuen zu stehen hätte. Nein, der Führer ist ein freistehendes, ganz unabhängiges

Wesen, das sich im Gleichgewicht kraft seiner eigenen, kaum fassbaren, ja, göttlichen Kräfte hält.

Dieser Führer, ein geistiger, ja, mystischer Akrobat erster Ordnung, hat das Recht, autokratisch jede Parole für seine Parteipropaganda auszugeben. Der Führer ist selbständig in sich, er ist verantwortlich vor sich allein, höchstens vor dem Ideal, das in ihm brennt. Stürzt der Führer, dann werden keine Massenarme und keine elastischen Sprungtücher vorhanden sein, um ihn aufzufangen.

Der Führer ist etwas Absolutes. Sein Schädel und seine Glieder werden ewig dauern, sie werden nur brechen, wofern er nicht aus hartem Stahl gebildet ist.

Dann gebietet der Führer: »Die Zukunft einer Bewegung wird bedingt durch den Fanatismus, ja, die Unduldsamkeit, mit der ihre Anhänger sie als die allein richtige vertreten und anderen Gebilden ähnlicher Art gegenüber durchsetzen.«

Das ist das zwölfte Gebot des Hitlerschen Parteiprogramms. Andere Gebilde ähnlicher Art – es sind nach der gedanklichen Bilanz Hitlers nicht nur die Parteien mit marxistischer Weltanschauung, sondern auch alle Arten von bürgerlichen Parteien.

Eines der merkwürdigsten Kapitel in Hitlers Kampfbuch ist der Abschnitt von dem Werte des Nationalsozialismus für den kommenden Staat, also für den Zukunftsstaat Hitlers.

Er sagt: »Wer heute glaubt, dass sich ein völkischer, nationalsozialistischer Staat etwa nur rein mechanisch durch eine bessere Konstruktion seines Wirtschaftslebens von anderen Staaten zu unterscheiden hätte, also durch einen besseren Ausgleich von Reichtum und Armut oder durch mehr Mitbestimmungsrecht breiter Schichten am Wirtschaftsprozess oder durch gerechtere Entlohnung, durch Beseitigung von zu grossen Lohndifferenzen, der ist im Alleräusserlichsten steckengeblieben und hat keine blasse Ahnung von dem, was wir als Weltanschauung zu bezeichnen haben. All das eben Geschilderte bietet nicht die geringste Sicherheit für dauernden Bestand und noch viel weniger den Anspruch auf Grösse.« Wer diese Äusserung für eine paradoxe Improvisation hält, dem entgegnet Hitler, dass sie für ihn, den nationalsozialistischen Revolutionär, die einzige und ewige Wahrheit bedeutet.

Die ökonomischen Fundamente des Parteiprogramms bedeuten für ihn wieder gar nichts. Das Wichtigste ist ihm die Durchsetzung seiner eigenen Persönlichkeit, der er genialen und prophetischen Wert beimisst. Mit klarem Bewusstsein entzieht er sich der Kritik, die etwa von anderen politischen Parteien an seinem Programm geübt werden könnte. Er wird nicht zulassen, dass seine Partei sich mit der Verdrängung irgendeiner anderen politischen Richtung begnügt. Ihm liegt auch nichts daran, dass eine andere Partei sich in der seinigen auflöst. Solche Parteienchemie wäre ein Kompromiss, und sie wäre deshalb eine Halbheit, und es ist gerade die Schwäche der Parteien, dass sie zu Kompromissen neigen und greifen, damit sie sich behaupten. Hitler, der Nationalsozialist, will jedoch mehr, Höheres: er will eine Weltanschauung stürzen, er will sie »letzten Endes« beseitigen, ausrotten mit Stumpf und Stiel.

Er verkündet die »Kriegserklärung *gegen eine bestehende* Ordnung«.

DER ÜBERMENSCH VERBIETET DEN KLASSENKAMPF

Der Begriff der »bestehenden Ordnung«, die bekämpft und ausgerottet werden soll, muss doch endlich einen Sinn und Inhalt empfangen. Der Kämpfer Hitler spürt es selbst, dass er im Hohlraum der Propaganda hängen bleiben würde, falls es ihm nicht gelänge, für das Abstraktum bestehende Ordnung den Wirklichkeitssinn heranzuschaffen. Er bemüht sich, aber sofort entgleitet ihm die Wirklichkeit, sofort gerät er ins Träumen und Fordern, anstatt die Form und die Tat zu zeigen.

Er sagt: »Der nationalsozialistische Arbeitnehmer muss wissen, dass die Blüte der nationalen Wirtschaft sein eigenes materielles Glück bedeutet.«

Natürlich muss er es wissen, natürlich sollte er es wissen; Hitler befiehlt es dem Arbeitnehmer sogar. Kein Arbeiter, der seine fünf Sinne beisammen hat, wird sich an der Not seines Landes, die ja seine eigene ist, freuen. Kein Arbeiter wird entzückt sein, auf das Pflaster geworfen zu werden, wenn seine Werkstatt ihm verschlossen wird. Und trotzdem bleibt die Welt der Arbeit dem Arbeiter das materielle Glück schuldig, und dann rührt er sich. Dann öffnet er die Augen und wird eben das, was ein Klassenkämpfer genannt wird.

Die Tatsache bestand schon, bevor noch das Wort für diese bedrohliche Wirklichkeit erfunden wurde. Es war der Klassenkämpfer erfolgreich für sich, oder er blieb ohne Erfolg innerhalb seiner besonderen Situation, und er kam deshalb auf den Gedanken, bei Kameraden und Leidensgenossen Anschluss und Unterstützung zu suchen. Dieser Wunsch der Hilflosen ist ja so schlicht und natürlich.

Allein Hitler brachte es über sich, wütend die Gemeinschaft zu verlassen, die ihm das Weiterkommen erleichtert hätte. Da er sich als einen auserlesenen, mystisch inspirierten Heroen, das heisst als eine ungewöhnliche Führernatur fühlte und diese seltene Veranlagung aus seiner staatshistorischen und nationalökonomischen Klugheit vor allem ableitete, will er den Klassenkämpferinstinkt der Arbeiter ersticken.

Immer wieder verlangt er, da er sich auf sein eigenes Übermenschentum beruft, die übermenschliche Entsagung des Arbeiters, dem er verbietet, sich am Klassenkampf zu beteiligen.

Das gleiche Übermenschentum verlangt Hitler aber auch von dem Arbeitgeber:

»Der Arbeitgeber *muss* wissen, dass das Glück und die Zufriedenheit seiner Arbeitnehmer die Voraussetzung für die Existenz und Entwicklung seiner eigenen wirtschaftlichen Grösse ist.«

Wiederum ist das schön und gut gesagt, und es klingt wohltuend und ermunternd in die Ohren der braven Leute, die ihre Werkstatt, ihre Fabriken und Büros nicht nur als Schreckens- und Folterkammern einrichten wollen. Doch der Arbeitnehmer ist durch die nie aufhörenden Zeiten der Not zum Pessimismus bekehrt und ungläubig geworden. Er lebte sich, ohne dass er revolutionären Wallungen leichtfertig nachgab, in die Vorstellung hinein, dass sein Brotherr kein Heiliger wäre. Nicht nur der sture »Marxist«, nicht nur der starre, wildgewordene Bolschewist, sondern auch die bürgerlichste Nationalökonomie erwidert auf Hitlers salbungsvolle Diktatorenpredigt, dass zwischen Arbeitgeber und Arbeitnehmer nach ewigstem und primitivstem Gesetz der Kampf stets weitergehen wird. Und dieser Kampf ist eben der Klassenkampf.

Selbst alles, was Hitlers grosses Vorbild, Mussolini, vollbrachte, um diesen Kampfplatz in ein ökonomisches Paradies zu verwandeln, befindet sich heute noch im Stadium des keineswegs geglückten Experiments. Auch in dem lateinischen Lande geht der Klassenkampf weiter, wenn er auch unterirdisch und von zähneknirschenden Männern geführt wird. Er wird auch weitergehen im nationalsozialistischen Zukunftsstaate Hitlers.

»Nationalsozialistische Arbeitnehmer und nationalsozialistische Arbeitgeber sind beide Beauftragte und Sachverwalter der gesamten Volksgemeinschaft.«

Nichts anderes sind sie. Jeder staatsökonomische Katechismus versichert es, und wäre er auch für Knaben verfasst worden. Ob Kathedersozialisten, ob sozialistische Maximalisten oder Minimalisten, ob katholische Heilige oder buddhistische Weisen, ob Konfuzius oder Lenin – sie sagten nichts anderes. Stets wünschten sie das Problem so zu lösen, dass der Klassenkampf aufhöre und dass im Gemüt des ökonomisch wachen Individuums der klassenkämpferische Instinkt erdrosselt werde. Es gelang ihnen niemals.

Wird es Hitler gelingen, da er das Aufhören des Klassenkampfes diktatorisch befiehlt?

Er verkennt gar nicht die Notwendigkeit und Unausrottbarkeit des Klassenkampfes. Nur hindert ihn sein Hang zum Suchen nach heroischen Formeln, klar und sachgemäss zu sagen, warum der Klassenkampf nicht aufhören kann. Er weicht dem Problem aus. Er meint, dass der »natürliche Ausleseprozess« den »Tüchtigsten und Fähigsten und Fleissigsten« stets emporbringen wird.

Das ist eine Floskel, ein Seufzer und eine Sentimentalität, die man dem Verteidiger der heroischen Weltanschauung, dem Entdecker der germanisch-nordischen Promethiden gar nicht zutraut. Sieht man seinen Gedanken genauer an, so glaubt er gar nicht an dieses automatisch eintretende Wunder des Aufstiegs.

Wiederum wird man die Erinnerung an Hitlers Einschätzung der Masse nicht los. Er schäzt sie sehr niedrig ein. Sie wird nur emporkommen, wenn er, der von Gott eingesetzte Führer, sie besseren Zeiten entgegenführt. Eines ist gewiss: er drückt sich nur so verschnörkelt aus, um mit seinen wohlerwogenen Methoden die Masse mit dem Morphium einer verführerischen Propaganda zu betäuben.

Das Wort vom Klassenkampf ist ihm in diesem Augenblicke unbequem. Durch seine zauberische Propaganda verwandelt er plötzlich die von ihm längst entlarvte

»Hammelherde« der Arbeiter, um sie als eine Elite der tüchtigsten und fähigsten Privatleute zu rühmen. In diesen rhetorischen Künsten übt er sich schliesslich nur, um die Rebellenparole gegen die bestehende »Ordnung«, das heisst gegen den heutigen deutschen Staat, auszugeben.

Plötzlich verrät der Propagandist gegen seinen Willen, was er eigentlich beabsichtigt. Er gesteht, dass ihm wiederum gar nichts an der konstruktiven politischen und wirtschaftlichen Arbeit liegt. Er vertagt all diese Probleme. Klipp und klar beichtet er, was er will.

Er erklärt: »Je mehr wir uns aber vorzeitig mit Gewerkschafts-, Siedelungs- und ähnlichen Problemen befassen, um so geringer wird der Nutzen für unsere Sache, als Ganzes genommen, sein.«

Die Folgerung für den Betrachter: er entlastet sein Gewissen vor jeder praktischen Verantwortung. Er möbliert sein Haus mit Weltanschauung und Über-Weltanschauung aus, bevor noch der Erdengrund gelegt ist. Die bescheideneren Leute, die Stein auf Stein geduldig zusammentragen, verachtet er als Marxisten, Juden, Liberale, Demokraten, Novemberverbrecher.

Er improvisiert Menschenglück, indem er dem Menschen sein prächtiges Wort anstatt des Brotes darreicht. Werden nun die Arbeitnehmer und Arbeitgeber zufrieden sein mit dem Inspirator dieser Improvisationen?

Zunächst will er propagandistisch aufpeitschen und die Massen, ob Arbeitgeber oder Arbeitnehmer, in innere Rebellion gegen die bestehende Ordnung bringen. Dann aber behält er es sich vor, ganz nach seinem Willen diese Gemütsstimmung der germanischen Promethiden auszunutzen. Schleunigst entzieht er ihnen die Willensfreiheit: »Die Gabe, Ideen zu gestalten, hat mit Führerfähigkeit gar nichts zu tun.«

Neues Paradox. Es soll die Masse deprimieren, es soll ihr das Bestimmungsrecht über ihr Schicksal rauben. Der Führer gebietet halt. Indem er den Klassenkampf verbietet, gebietet er: Ich ersetze die bestehende Ordnung durch mich selber und wähle nach meinem subjektivsten Geschmack die Mithelfer aus, die mir zur Lenkung der Masse genehm sind. Die Masse wird geschichtet in die Subjekte, die mir dienen sollen, und in die übrigen, denen meine Subjekte genehm sein müssen. Die Frage, ob dieser Entschluss der Masse gefällt, beunruhigt ihn nicht.

Der Kreis der Personen, die er um sich als regierendes Aktionskomitee versammelt, muss sorgsam verengt werden, wenn es darum geht, die Mithelfer des Führers aus der Masse herauszuschälen. Die Zahl der Mitglieder, die zu seiner Organisation gehören dürfen, das heisst die Zahl derer, die ausser der Zahlungspflicht auch noch ein Mitbestimmungsrecht verlangen dürfen, hat ausserordentlich gering zu sein. Der Haupttrommler lässt als Untertrommler nur ganz Eingeweihte zu. Nur ihnen ist es nach den Vorschriften des allein sich verantwortlichen Führers gestattet, die freiwilligen Proselyten und die zur Unterwerfung gezwungenen Mitläufer am Leitseil des Oberführers nachzuschleppen.

Die Herren des Moskauer Kremls statten das buchmässig verzeichnete Mitglied mit Hoheitsrechten über die freiwillig oder unfreiwillig mitlaufende Masse aus. Sie schüchtern das Sektenmitglied ein mit Femedrohungen, sie legen ihm sektiererische Eide auf. Sie liefern schliesslich das Mitglied, das unter solcher Gewissensqual zusammenbricht, dem Tode aus.

Hitler ist mit seiner Führertaktik durchaus Gesinnungsgenosse der Herren im Kreml. Indem er zwischen Mitgliedern und blossen Mitläufern seiner Partei unterscheidet, unterscheidet er auch zwischen den verschworenen und allstündlich durch den Tod bedrohten Proselyten des Glaubens und dem Schwarm der Profanen.

Am neunten November 1923, einen Tag, nachdem Hitler versucht hatte, den nationalsozialistischen Zukunftsstaat zu gründen, wurde die Partei aufgelöst. Das geschah im Augenblick, da die deutsche Inflation ihren Gipfelpunkt erreicht hatte. In der beschlagnahmten Kasse der Nationalsozialistischen Deutschen Arbeiterpartei fanden sich hundertsiebzigtausend Goldmark.

DAS PROGRAMM

Wird es niemals gelingen, das Gesetzbuch aufzufinden, das Adolf Hitler für seine Partei niederschrieb? Wird er immer nur im Luftraum seiner Propaganda umherschweben und seine Anhänger und seine nächsten Schildknappen nur mit dunklen Andeutungen erregen, wenn sie ihn fragen: »Meister, was ist Dein Wille?« Propheten liebten ja nicht selten solche Magie.

Lange genug zögerte Hitler auch, das Programm seiner Partei herauszugeben. Endlich, im Jahre 1927, also fast zehn Jahre nach den ersten nationalsozialistischen Geheimkonventikeln im Leiberzimmer des Sterneckerbräus, sollte das Parteiprogramm der N.S.D.A.P. erscheinen.

Der Diplomingenieur Gottfried Feder wurde auf dem Weimarer Parteitag des Jahres 1926 beauftragt, für die Niederschrift des Programms zu sorgen. Im Vorwort erklärt er ausdrücklich, dass Adolf Hitler sein Auftraggeber war, also nicht etwa die Partei, der Mehrheitsklüngel, die undefinierbare »Hammelherde«, sondern nur der Führer.

Das Vorwort sieht es als Aufgabe des Parteiprogramms an, den Weg aus dem »Chaos« der politischen und nationalökonomischen Halbbildung und Vielwisserei, – den

Weg zu weisen. Durch das Programm soll ein »rocher de bronze« aufgerichtet werden. Das Programm will klare Erkenntnisse formen, um daraus einen einheitlichen politischen Willen zu bilden. Hitler betonte dann später auf der »Reichsführertagung« am 31. August 1928: »Programmatische Fragen beschäftigen die Führertagung nicht, das Programm liegt fest, und niemals dulde ich, dass an den programmatischen Grundlagen der Gesamtbewegung gerüttelt wird.«

In fünfundzwanzig Punkte ist das Programm der N.S.D.A.P. gegliedert. Zunächst sollen wir aber noch erfahren, was der deutsche Nationalsozialismus ganz im allgemeinen ist. Er ist »Kämpfer für eine Idee«, also auf deutsch für ein *Hochziel,* für ein hohes Ziel, das des Kampfes wert ist. Kämpfen heisst aber mehr wie »danach trachten« oder »etwas zu erreichen versuchen«, oder etwas zu »ersitzen«, »ergaunern« oder »erschleichen«, »einhandeln« oder »auf Umwegen zu erreichen« suchen.

Man weiss vorläufig noch nicht, ob man diese Definition des nationalsozialistischen Kämpfers als ein Meisterstück ideologischer Weisheit bezeichnen soll. Sie ist auf jeden Fall ein volkstümliches Kraftstück. Sie geht aus von einem stürmischen Optimismus. Verzichtet wird auf jeden Mitläufer. Gewicht gelegt wird nur auf den heldenhaften Parteimann. Es enthält die Definition, die unumwundene Aufforderung zur Bildung einer heroischen Sekte.

»Wenn es nicht möglich ist, die Gesamtbevölkerung des Staates zu ernähren, so sind die Angehörigen fremder Nationen (Nichtstaatsbürger) aus dem Reich auszuweisen.« Dieser Paragraph ist voll von vollkommener Deutlichkeit und Aufrichtigkeit. Hitler, personifiziert durch das

Parteiprogramm, dekretiert, dass im dritten Reich der Unterschied zwischen Staatsbürgern und Staatsgästen unerbittlich gemacht wird. Ob Jud ob Christ, wird nicht gesagt. Er jagt alles aus dem Lande, wenn es ihm behagt. Er misst das Futtermass des Staatsbürgers aus, der Diktator allein. Dabei steht es für ihn fest, dass die Juden in Deutschland immer nur Nichtstaatsbürger sind. Wann sie ausgewiesen werden sollen, das ist eine Frage der jeweiligen Erwägung. Kommt das dritte Reich, dann werden bestimmt alle Juden ausgewiesen, die nach dem zweiten August 1914 deutschen Boden betraten. Aber auch alle übrigen Ausländer, ganz gleich, zu welcher Religion sie sich bekennen, in welches Staatsregister sie eingeschrieben sind. Ist das dritte Reich gekommen, dann beginnt sofort das grosse Aufräumen und Reinigen. Engländer, Franzosen, Türken, Spanier, Amerikaner, ob weiss oder gelb oder schwarz: heraus aus Deutschland. Ein Deuteln ist nicht zugelassen. Es ist klar, dass die Völker der Erde entzückt sein werden, mit einem so energischen deutschen Partner Frieden und Freundschaft zu haben.

»Wir fordern die Verstaatlichung aller (bisher) bereits vergesellschafteten (Trusts) Betriebe,« »Wir fordern ... sofortige Kommunalisierung der Grosswarenhäuser und ihre Vermietung zu billigen Preisen an kleine Gewerbetreibende, schärfste Berücksichtigung aller kleinen Gewerbetreibenden bei Lieferung an den Staat, die Länder oder Gemeinden.« Das klingt ausserordentlich zielbewusst und rechtfertigt beinahe die sozialistische Wendung, die im Namen der Partei nicht fehlt. Die Warenhäuser sollen verwandelt werden in Markthallen mit einzelnen Privatständen. Wenn die Wurstwaren, Unterhosen und Rasierklingen in dieser Markthalle preiswert und gut sind, könnte der Nationalsozialist zufrieden sein. Der Gesamtsinn des Programms verrät aber, dass sein Erfinder gar nicht die kühne sozialistische Idee verwirklichen will. Er will die Warenhäuser nur deswegen kommunalisieren, weil in ihnen allein das jüdische Kapital arbeitet. Er will in erster Linie das Judenkapital den klebrigen Händen seiner habgierigen Eigentümer entreissen. Als die Bolschewiken ihren Staat aufbauten, gingen sie auch an solche Expropriation. Sie unterschieden nicht zwischen aristokratischem Feudalherrn oder jüdischem Grosshandelsmann, doch sie zerschlugen Grossgrundbesitz und Grossunternehmen, und das parzellierte Eigentum, besonders das landwirtschaftlich zu bebauende, lieferten sie dem Bauern aus. Es wurde die erste Kritik an diesem Enteignungssystem geübt. Sie ergab, dass aus den bisher eigentumslosen Bauern Russlands eigentumsbegierige Egoisten wurden, die mit ihrer kleinen Scholle nichts als wuchern wollten. Und bis heute sind die bolschewistischen Machthaber dieses Grundübels noch nicht Herr geworden.

Hitler, der Staaten- und Wirtschaftsgeschichte so gründlich studiert, übersah diese Erfahrung. Unbegrenztes Vertrauen bringt er den germanischen Promethiden entgegen. Das Problem ist für ihn gelöst; wenn er hinzufügt: »Wucherer, Schieber usw. sind mit dem Tode zu bestrafen ohne Rücksichtnahme auf Konfession und Rasse,« so erlässt er dieses Gesetz eigentlich widerwillig. Er ist überzeugt, dass nur die Juden für den Scharfrichter reif sind. Nur wegen der ästhetischen Schönheit droht er die Rache auch den Ausbeutern seiner Rasse an.

Kurz und bündig ist das alles ausgedrückt, aber die Volkswirte von rechts und links haben entdeckt, dass im heutigen komplizierten Wirtschaftsapparat Warenhäuser, Kooperativen und Konsumvereine den Bedürfnissen der Volksmasse weit besser dienen als winzige Krämereien. Die Gewinnbeteiligung, die der nationalsozialistische Staat von allen Grossbetrieben fordert, und die wohl gleichbedeutend mit der staatlichen Steuerhoheit sein soll, könnte er sich ebenso selbstverständlich von den Warenhäusern eintreiben. Aber Hitler bemüht sich, den Leser des nationalsozialistischen Programms von nationalökonomischer Nachdenklichkeit abzulenken.

Zu seiner Magiertaktik gehört es, sein Programm als ein Wunder göttlicher Eingebung zu rühmen. Was er vorbringt, ist gar nicht so revolutionär, wie er es aufgefasst wissen möchte. Er beginnt die Weltrechnung nicht von vorne. Der Beginn der Hitlerschen Zeitrechnung ist nicht der Anfang eines neuen Reichs. Das Programm ist in dem meisten, das nicht für die momentane Propaganda bestimmt und deshalb absichtlich utopisch verdunkelt wird, nur Widerhall mancher Vernunftideen, die schon längst verwirklicht wurden.

Das Programm rechnet damit, dass es im nationalsozialistischen Zukunftsstaat auch arme Leute geben kann. Deshalb sollen besonders veranlagte Kinder bedürftiger Eltern auf Staatskosten ausgebildet werden. Durchaus lobenswert. Turn- und Sportpflicht und »grösste Unterstützung aller sich mit körperlicher Jugendausbildung beschäftigenden Vereine« wird verlangt. Nicht minder lobenswert. Eine »Söldnertruppe« wird abgelehnt, gefordert wird ein »Volksheer«. Der nationalsozialistische

Staat lässt nur Staatsbürger, deren Rang wir schon kennen lernten, als Herausgeber und Schriftleiter deutscher Zeitungen zu. Ordnungs- und sittenwidriger Gebrauch der Presse und Kunst- und Literaturbetriebe wird untersagt. Der nationalsozialistische Staat vertritt den Standpunkt des positiven Christentums und schützt nur innerhalb dieses Bekenntnisses die Religionsfreiheit. Man würde erstaunt sein, andere Vorschrift zu finden.

Das ist das staatliche Programm der Nationalsozialisten.

Am 22. Mai 1926 beschloss die Generalmitgliederversammlung: »Dieses Programm ist unabänderlich.« Man baute also für die Ewigkeit und war überzeugt, dass keine Zeit gebieten könnte, von den einmal angenommenen Grundsätzen abzugehen. Ja, man war sogar stolz darauf, ein so starres Gesetz geschaffen zu haben, sollte es doch den Beweis bringen, dass die Nationalsozialisten entschlossen sind, von dem einmal erreichten »Hochziel« keinen Schritt zurückzuweichen.

Aber Gottfried Feder, der Wahl nach Mitglied des Reichstages, jenes parlamentarischen Pöbelhaufens, den Hitler verdammt, schrieb zu diesem Parteistatut noch einen Kommentar, und er tat es als besonders von Hitler beauftragter Offiziosus seiner Partei.

Gottfried Feder beteuert: »Es gibt kein Drehen und Wenden aus etwaigen Nützlichkeitserwägungen, es gibt kein Versteckspielen mit wichtigsten, der heutigen Staats-, Gesellschafts- und Wirtschaftsordnung besonders unangenehmen Programmpunkten, und es gibt kein Schwanken in der Gesinnung.« Das bedeutet demnach den Willen, auch im politischen Umgang mit dem Auslande nicht auf die innerpolitischen Druckmittel der Ausweisung, der Aushungerung und Unterdrückung der sogenannten fremden Staatsangehörigen, das heisst der Fremden im Hitlerschen Sinn, zu verzichten. Deutschland kann sich dann rühmen, ganz neue Methoden des diplomatischen Umgangs in die Weltpolitik eingeführt zu haben, und die Nachbarstaaten, aber auch die ferner liegenden, die grossen und die kleinen, werden sich sicher beeilen, dem dritten Reich ihren Dank für solche Belebung der etwas überalterten Diplomatie abzustatten. Deutschland wird aber stark genug sein, um auch solchen Respekt und solche Sympathie entbehren zu können, es wird besonders stark genug sein, um sich eine Aussenpolitik der Gegenseitigkeitsverträge vollständig ersparen zu dürfen, falls das Ausland sich weigern sollte, die neue Gesetzgebung des dritten Reiches anzuerkennen.

Für Gottfried Feder ist es Naturgesetz, »dass es niemals Freundschaft und Zusammenarbeit zwischen Adler und Schlange, zwischen Rind und Löwe, zwischen Mensch und Cholerabazillus geben kann und geben wird«. Wiederum hören wir aufschlussreiche zoologische Auseinandersetzungen. Wiederum ist diese Zoologie auch nur symbolisch zu nehmen, genau wie bei Hitler, wenn er den Liebesweg der Meisen und der Finken, der Feldmäuse und der Störche, der Hausmäuse und der Wölfe beschreibt. Das Symbol ist bei Feder nur noch viel geistreicher. Der Adler und der Löwe und der Mensch, das sind die Prometheussöhne seiner nordischen, germanischen Heldenrasse. Wer das weiss, errät bald, wer das Rind und die Schlange sind: natürlich die unedlen, minderwertigen Feinde des dritten Reichs, die namentlich nicht aufgezählt zu werden brauchen.

Aber das scheusslichste, das schmutzigste Untier, der Cholerabazillus, ist – der hochgeistige Zusammenhang der Federschen Betrachtung lehrt es – der Jude. Immer begegnet es den schaffenden Denkern der N.S.D.A.P., dass sie im Moment ihrer höchsten Erleuchtung die profane Alltagssprache verlassen und sich des prophetischen Gleichnisses bedienen.

Gottfried Feder jubelt: und so wird die Zinsknechtschaft des deutschen Volks gebrochen. Zitternd hat er gefragt: was versteht man unter Zinsknechtschaft? Unverkürzt werde seine Antwort textgetreu hier abgedruckt:

»Den Zustand der Völker, die unter der Geld- oder Zinsherrschaft der altjüdischen Hochfinanz stehen.

In Zinsknechtschaft befindet sich der Landwirt, der, um seinen Betrieb zu finanzieren, Kredite aufnehmen muss, die er so hoch verzinsen muss, dass die Zinsen ihm fast den Ertrag seiner Arbeit auffressen, oder der Schulden gemacht hat und machen musste, und der die Hypothekenschulden als ein ewiges Bleigewicht mit sich schleppen muss.

In Zinsknechtschaft befindet sich der Arbeiter, der in den Fabriken und Werkstätten Werte erzeugt für kargen Lohn, während der Aktionär – ohne Mühe und Arbeit – Zinsen, Tantièmen und Dividenden bezieht.

In Zinsknechtschaft befindet sich der gesamte gewerbliche Mittelstand, der im Grunde heute fast nur für die Verzinsung seiner Bankkredite arbeiten muss.

In Zinsknechtschaft befinden sich alle, die durch ihre geistige oder körperliche Arbeit ihr Brot verdienen müssen, während ihnen gegenüber eine zahlenmässig kleine Schicht – arbeits- und mühelos – aus ihren Zinsen, Bank-

und Börsengewinnen, Finanztransaktionen usw. riesige Einnahmen beziehen. (Muss heissen: bezieht; doch die deutsche Sprache wird nicht so wichtig genommen, weil nur der deutsche Gedanke gelten soll.)

In Zinsknechtschaft befindet sich der Industrielle, der in zähester Arbeit seinen Betrieb aufgebaut hat, ihn dann dem Zug der Zeit folgend in eine ›Aktiengesellschaft‹ umgewandelt hat, nun nicht mehr Herr seiner freien Entschliessung ist, sondern die unersättliche Profitgier der ›Aufsichtsräte und Aktionäre‹ befriedigen muss – will er nicht entlassen werden – aus seiner eigenen Schöpfung.

In Zinsknechtschaft begibt sich jedes Volk, das seinen Geldbedarf durch ›Anleihen‹ deckt.

In Zinsknechtschaft geht jedes Volk zugrunde, das der Geldmacht, den Bankiers, seine wichtigsten innerpolitischen Hoheitsrechte ausliefert, sein Geldwesen (Finanzhoheit), seine Eisenbahnen (Verkehrshoheit) und die Aufsicht über die wichtigsten Steuern und Zölle, wie dieses Deutschland durch die Annahme der Dawesgesetze getan hat.

In Zinsknechtschaft befinden sich alle Völker und Regierungen, die sich der Macht des Leihkapitals beugen.

In Zinsknechtschaft befindet sich die schaffende Arbeit, die dem Gelde den Vorrang eingeräumt hat, so dass heute der Diener der Wirtschaft, das ›Geld‹, der ›Herr der Arbeit‹, und zwar deren brutalster Tyrann geworden ist.

Zinsknechtschaft ist der richtige Tatsachenausdruck für die Gegenüberstellungen: ›Kapital gegen Arbeit‹, ›Blut gegen Geld‹, ›Schöpferkraft gegen Ausbeutung‹.

So wetterleuchten die Blitze dieses Riesenkampfes von Kraft gegen Tücke, von Geist gegen Stoff, von Freiheit gegen Knechtschaft, von Licht gegen Finsternis in unserem Wollen.

Brechung der Zinsknechtschaft ist die stählerne Axt, um die sich alles dreht, sie ist weit mehr als eine finanzpolitische Forderung, sie greift mit ihren Voraussetzungen und Auswirkungen ebenso tief ins politische Leben wie ins wirtschaftliche ein, nicht minder ist sie eine Hauptfrage der Wirtschaftsgesinnung und greift so auch zu tiefst ins persönliche Leben jedes einzelnen ein, sie fordert von jedem die Entscheidung: Dienst am Volk oder schrankenlose private Bereicherung.«

Diese entscheidenden Sätze stehen nicht im Parteiprogramm jenes Bolschewismus, der die dritte Internationale gegründet, sie sind der rote Leitfaden, der sich durch das politische und wirtschaftliche Programm der N.S.D.A.P., der Begründerin des dritten Reiches, zieht. Hitler und Gottfried Feder machen nun den Weltkapitalismus, den die internationale Zerstörerrasse der Juden repräsentiert, für die Zinsknechtschaft des deutschen Volkes verantwortlich. Ebenso verantwortlich machen sie das internationale Judentum als den Cholerabazillus, der die bürgerliche Staatsordnung aller Nationen zerfrass. Im Moment aber, da sie ihr Parteiprogramm in den grossen Rahmen der Weltanschauung einfügen, kopieren sie nur die Bolschewiken, auf deren Schultern sie nichts als jüdische Köpfe erblicken.

Die Hitlersche Botschaft an das dritte Reich verkündet, dass die Deutschen mit jenem Tage besser sein werden, an dem dieses Programm, bereichert durch den kühnen Federstrich, erst fest in den Gehirnen sitzt. Dann wird die deutsche Menschheit begriffen haben, dass

Flammenzeichen ein Volk besser ernähren als die Wirtschaft, die sich nur auf Logik aufbaut. Und nur der unbekehrbare und deshalb in die Femekammer zu sperrende oder über die Landesgrenzen zu jagende Nörgler wird einwerfen, dass die leicht beieinanderwohnenden Gedanken Unsinn sind, weil sich die Sachen hart im Raume stossen.

Noch *ein* Punkt ist wichtig, obwohl er nur aphoristisch erwähnt wird. Der Parteioffiziosus verkündet, dass die nationalsozialistische Diktatur nicht die endgültige Regierungsform des Hitlerschen Zukunftsstaates sein soll. Diese Diktatur ist nur gedacht als eine Aufräumungs- und Rettungsbehörde während der dringlichsten Notzeit. Ist die Not vorbei, dann soll dem dritten Reich auch die innere und äussere Staatsform, genannt Verfassung, gegeben werden. Nichts anderes versprachen die Herren des Kremls, wie man sich erinnert. Allerdings sind sie bis heute noch nicht einig über den Termin, an dem sie erfüllen wollen.

Es ist Zeit, nach so vollständiger Lösung der sozialen Frage auch dem Gefühl freien Lauf zu lassen. Gottfried Feder sorgt dafür mit folgendem Hymnus: »Heimat soll dieses Deutschland sein, nicht nur Polizeiverordnungsmaschinerie, nicht nur ›Staat‹, nicht nur ›Obrigkeit‹, nicht nur ›Regierung‹, nicht nur Pfründe für ein Viertelhundert Herrscherhäuser, sondern *Heimat*. Heimat, du süsses Zauberwort, das die unterirdischen Quellen aufrauschen lässt, – Heimatliebe, traut und schön, sonnig und lieb, der Duft der heimatlichen Scholle steigt auf, Glücksgefühle durchströmen den Wanderer, der Heimatboden wieder unter sich fühlt, mit dem er sich blutmässig verbunden fühlt. Die Heimat – die Mutter –, sie sorgt für alle ihre Kinder, behütet und betreut fühlen muss sich der Deutsche im Deutschen Reich, in seinem Vaterland, in seiner Heimat. Das Gefühl des Geborgenseins ist das Wesentliche am Heimatgefühl, und daraus wächst die zarte Blüte der Heimatliebe. Höheres Ziel gibt es nicht für Staat und Volk.«

Und wem das Geflöte Gottfried Feders zu locker, zu lyrisch, zu vage, zu unfassbar klingt, dem wird entgegnet: »Das ist mehr als nüchterne Sozialpolitik, als Arbeitslosenversicherung, mehr als Wohnungsbauprogramm, obwohl das eigene Heim eine der mächtigsten Antriebsfedern für das Keimen der Heimatliebe ist.« Gottfried Feder hätte es nicht zu versichern brauchen. Wir wissen schon, dass er die Wohlfahrt seines Volkes nicht mit nüchterner Wirtschaft, sondern mit glühenden Worten begründen will.

Das Privateigentum wird anerkannt und unter staatlichen Schutz gestellt. In der »Deutschen Werkgemeinschaft« wird die allgemeine Arbeitspflicht verlangt. Die »gesunde« Mischung von Klein-, Mittel- und Grossbetrieben auf allen Gebieten des wirtschaftlichen Lebens, also auch in der Landwirtschaft, wird eingeführt. Ist das unerhört neu? Wird wirklich das Ei des Kolumbus auf den Tisch gestellt, ist wirklich die Quadratur des Kreises gefunden? Nein, beteuert Gottfried Feder, alle Sorgen des einzelnen Deutschen und des ganzen deutschen Volkes werden aufhören, wenn »der Staat keine Schulden machen darf, denn er hat dies auch gar nicht notwendig!«

Es ist notwendig, nach diesem Offiziosus noch Hitlers kampfbereiten Gefolgsmann, Dr. Joseph Goebbels, den Leiter der Berliner Bewegung, zu hören. Er hat in einem kleinen Frage- und Antwortkatechismus, genannt der Nazi-Sozi, das nationalsozialistische Programm auf seine Art ausgelegt. Belehrt durch das Beispiel des »dicken, wohlgenährten Bürgers, der gegen den proletarischen Klassenkampf protestiert«, ruft Goebbels zum Klassenkampfe auf. Läse man nicht Goebbels' Parole im Nazi-Sozi, man möchte meinen, dass ein fanatischer Bolschewik seine Gesinnungsgenossen aufwiegele. Goebbels redet massiv und ohne Rücksicht auf Hitlers und Feders Gebot, dass die Propaganda der Nationalsozialisten sich nur auf den sozialen Ewigkeitsgedanken einzulassen habe: »Du bist gut durch den Winter gekommen. Du bist in Deiner Person schon eine Aufreizung zum Klassenkampf. Woher nimmst Du das Recht, *gegen* den Klassenkampf des Proletariats Deine von nationaler Verantwortlichkeit gewölbte Brust zu wölben? Ist der Bürgerstaat nicht seit nahezu sechzig Jahren der organisierte Klassenstaat gewesen, der als zwingende geschichtliche Notwendigkeit den proletarischen Klassenkampfgedanken in sich gebar? Habt Ihr nicht die Quittung für diesen Klassenstaat am 9. November 1918 bekommen? Seid Ihr jetzt nicht wieder im Begriff, aus der Verzweiflung über den Irrwahn des Marxismus Euren alten, reaktionären, bürgerlichen Plunder herauszudestillieren?«

Hier wird nur der Marxismus für die bürgerliche Reaktion verantwortlich gemacht. Den Marxisten wird nur nachgesagt, dass sie zu bürgerlich geworden, dass sie nicht mehr revolutionär genug wären. Im Agitationsprogramm der Kommunisten ist nichts anderes zu lesen. Zu lesen ist auch bei Goebbels: »Wir pfeifen auf den Quark, den ihr soziale Gesetzgebung nennt!« Eine Vokabel wird nur durch die andere ersetzt. Der kommunistische Rebell heisst bei Goebbels nur der »deutschfühlende, deutschdenkende« Mann. Ihm wird versprochen: »Und wie Spreu vor dem Winde wird Weisheit und Erfahrung verfliegen.«

Als Irrwahn des Marxismus wird zwar der internationale Sozialismus verflucht, doch als Mittel zur Gesundung wird allein der Nationalbolschewismus ausgegeben. Betrachtet man die Dinge genau, so werden nur die geographischen Begriffe ein wenig durcheinandergeschüttelt. Dazu kommt noch, dass Goebbels viel blumiger schreibt als seine Lehrer Hitler und Gottfried Feder. Er bedient sich auch der zoologischen Ausdrücke, und da er sehr originell sein will, verwandelt er den »Cholerabezillus« in den »stechenden, peinigenden und quälenden« Floh. Das ist *seine* Ergänzung zum Hitler-Federschen Programm. Goebbels fährt fort: »Wir aber sagen: die Freiheit ist alles, darum fordert sie von uns auch alles: einen langen, erbitterten Kampf voll Not und Sorge und Zähigkeit und Hunger und Gefahr, ein stetes Opfern von Gesundheit, Freude, Glück und Zufriedenheit!« Also lautet die Goebbelsparole: Bürgerkrieg!

Hitler und Gottfried Feder hatten es noch nicht gewagt, diese Parole so unumwunden auszugeben. Hitler hatte nur verkündet, dass die »weibische Masse durch Brutalisierung zu jeder Tat, zu der sinnvollen und auch zu der unsinnigen«, gebracht werden kann.

Interessant ist im Goebbelsprogramm die Erklärung über die Regierungsform, die das dritte Reich haben soll. Zunächst wünscht er auch die Diktatur, dann jedoch das Wirtschaftsparlament, nach allgemeinem, gleichem Wahlrecht aus den Berufsständen des Volkes gewählt.

»Das Wirtschaftsparlament treibt nur Wirtschaftspolitik, keine Staatspolitik.« Die Erledigung dieser Aufgabe fällt allein dem Senat des dritten Reiches zu. Zweihundert Männer aus der »Elite« des gesamten Volkes bilden den Senat. Der Diktator ernennt die Senatoren, der Senat wählt den Kanzler, der Kanzler wählt seine Minister aus *seiner* Vollmacht, »woraus von selbst folgt, dass er sie beliebig ein- und absetzen kann«.

Diese Stafflung, die steil bis zum Diktator hinaufführt, bedeutet das Kompliment, mit dem Goebbels seinem Schutzherrn Hitler die Regierungswürden überreicht. Goebbels ist ein sehr gelehriger Schüler Hitlers. Er weiss, mit welcher Sorglichkeit Hitler seine Führereigenschaften ergründet, mit welcher Leidenschaft er gefordert hat, dass ihm kein Titelchen von seinen göttlichen Qualitäten abgenommen werde. Er weiss aber auch, dass Hitler mit prächtiger Heldengeste seine Todesbereitschaft beteuerte, falls er irren oder im Kampf unterliegen sollte. Jetzt ist der feierliche Moment gekommen, da Goebbels programmatisch erklärt: »Der Kanzler ist bereit, für seine Politik im Falle sein Leben zu lassen.« Soll das bedeuten, dass jeder abgehende Kanzler an die Wand gestellt oder aufgehängt wird? Der Diktator, also Hitler, wählt den Senat, und der Senat wählt den Kanzler. Also hat der Diktator das Recht, den Tod des Kanzlers zu befehlen. Man sieht, es geht bei diesen programmatischen Manifesten stets auf Tod und Leben.

Die Krönung des Werks ist das Ende: »Der Liberalismus stirbt, dass der Sozialismus lebe. Der Marxismus stirbt, dass der Nationalsozialismus lebe. Dann formen wir das neue Deutschland, das nationalistische, sozialistische dritte Reich.« Er vergisst hinzuzusetzen: Es lebe der Nationalbolschewismus!

Aus einer fröhlichen, unverwüstlichen Humoristenstimmung schreibt Goebbels sein Programm nieder. Er beschliesst es fröhlich: »Gefängnisstrafen sind für uns in diesen dramatischen Zeiten Orden und Ehrenzeichen, die uns berechtigen, dereinst ein paar Schurken mehr aufzuknöpfen.« Das sind die legalen Revolutionsmittel, deren Anwendung Goebbels als Apostel Adolf Hitlers verspricht. Er verspricht es in seinem Buche, das er auf den kernig berlinernden Titel »Knorke« getauft hat.

DER BIERPUTSCH

Der mustergültigste Putsch, durch den die deutsche Republik stürzen sollte, wurde am 13. März 1920 von dem ostpreussischen Generallandschaftsdirektor Dr. Kapp unternommen. Seit dem Kappschen Versuch machten sich noch manche verwegene Männer daran, die »Novemberschande« zu beseitigen. Doch es waren im allgemeinen stets die gleichen Methoden, die sie anwendeten, auch stets die gleichen Verteidigungsmittel, mit denen sie sich rechtfertigten, wenn sie scheiterten.

Schon 1919 existierte in Berlin eine »Nationale Vereinigung«, bei der sich auch Dr. Kapp eingeschworen hatte. Die Mitglieder beabsichtigten zweierlei: die Abschnürung der bolschewistischen Welle, die aus Russland Deutschland zu überschwemmen drohte, hierauf die Beseitigung des bestehenden politischen Systems, das ein Produkt der revolutionären Bewegung vom November 1918 war.

Im Juli 1919 planten die Mitglieder, zu denen sich auch der kaiserliche Polizeipräsident a. D. Traugott von Jagow gesellt hatte, einen Sturz der Regierung, die unter dem sozialdemokratischen Reichskanzler Bauer stand. Alles sollte »auf durchaus legalem Wege« ausgeführt werden.

Diese Wendung wurde seither stets gebraucht, wenn die Putschführer ihr Werk begannen. Man wollte die Bevölkerung stets davon überzeugen, dass sie von der Republik in Frieden und Ruhe erlöst werden könnte. Es ist wahr, die Putschisten bedienten sich nach ihrer geheimen Propaganda oder auch nach den Manifesten, die sie ganz öffentlich unter die Masse trugen, besonders der bewaffneten Macht, aber auch diese soldatische Energie sollte nur als ein »legales Mittel« verstanden werden. Es lag in dem Feldzugsplan des Generallandschaftsdirektors Dr. Kapp, das gesamte Offizierkorps der Reichswehr gegen die Regierung mobil zu machen. Die Offiziere sollten an höchster Stelle vorstellig werden, sie sollten unter Umständen ihre Ämter kündigen. Sie sollten also androhen, dass sie Regierung und Volk als Feinde betrachten würden, falls man ihren Willen nicht erfülle. Die militärische Exekutive für die Ausführung des Kappschen Plans hatten General von Lüttwitz und Fregattenkapitän Ehrhardt übernommen. Lüttwitz fühlte sich in Karriere und Ehrgeiz unbefriedigt. Ehrhardt hatte die Flotte verlassen, um als Freischarenführer sein soldatisches Leben fortsetzen zu können. Schon im Sommer 1919 hatte man sich über die politische Neueinrichtung Deutschlands verständigt. Kapp verlangte für sich selber das Amt des Reichskanzlers und des preussischen Ministerpräsidenten.

Diese Personalunion charakterisierte sein politisches Programm: Revolutionierung Deutschlands unter Führung Preussens. Es war das wohlüberlegte Taktik. Preussen sollte Deutschland retten und wieder zusammenschmieden, genau so wie in der Vergangenheit Preussen den Ton für die deutsche Politik angegeben hatte. Dr. Kapp bot Herrn von Jagow das Innenministerium des Reiches an. Auch für die übrigen Stellungen hatte er Männer ausersehen, die seine Ideen vollkommen teilten.

Die erste Kundgebung Kapps lautete: »Die bisherige Reichsregierung hat aufgehört zu sein.« Sie trug das Datum des 13. März 1920. Das Manifest des Generals von Lüttwitz teilte mit: »Unter Kapp hat sich eine neue Regierung der Arbeit gebildet.« Weiter hiess es, ein Bruch der Verfassung wäre nicht beabsichtigt, man wolle nur die Verfassung gegen die bestehende Regierung verteidigen.

Vom Morgen des 13. März bis zum Nachmittag des 17. dauerte die Kappregierung. Kapp selber gab kurz vor seinem Tode zu, dass er die Wendung von dem »legalen Wege« zu Unrecht gebraucht hätte. Die übrigen seiner Mitarbeiter lehnten es vor dem Leipziger Staatsgerichtshof ab, als »Hochverräter« inquiriert und bestraft zu werden. In ihren Augen war und blieb der Putsch eine zulässige Tat. Umsonst, dass Ankläger und Richter des Staatsgerichtshofes den Verfassungsbruch dieser Männer enthüllten und nachwiesen, dass die Putschisten die verfassungsgemäss dem Volke gebührende Staatsgewalt an sich gerissen und somit das Verbrechen des Hochverrats vollendet hatten.

Die Putschisten liessen sich niemals bekehren. Sie wären nur freizusprechen gewesen, wenn der Verteidiger ihre geistige Unzurechnungsfähigkeit glaubhaft gemacht hätte. Aber als irrenhauswürdige Abenteurer wollten sie nicht gelten. Nur hielten sie es häufig für eine besonders tapfere und patriotische Handlung, dass sie sich durch Flucht oder Verstecken oder Meineid der nach ihnen fahndenden Justiz zu entziehen suchten.

Kapitän Ehrhardt war ein ausgezeichneter Meister dieser politischen und kriminellen Ausbruchstechnik. Er wurde in Bayern freundschaftlich von allen zuständigen Polizeibehörden unterstützt. In München konnte er sich unangefochten aufhalten. Die Meldestellen wussten sehr wohl, dass der frei herumgehende Herr, der sich bald Konsul Eichmann, bald Herr von Eschwege nannte, kein anderer war als der Mithelfer Kapps, gegen den von Berlin aus ein Steckbrief vorlag.

So ist anzunehmen, dass München bis zum Jahre 1923 bereit war, den Putschisten ein angenehmes Asyl zu bieten. Später beriefen sich die Münchener Behörden darauf, dass sie wiederum nichts anderes sein wollten als Retter der deutschen Einigkeit und des deutschen Bürgerfriedens, war es ihnen doch gelungen, ihren Sonderstaat aus dem chaotischen Intermezzo der Räteregierung zu erlösen.

Als im Juni 1922 der Kaufmann Heinz Hustert und der Landwirt Karl Öhlschläger gegen den früheren Reichsminister und damaligen Oberbürgermeister von Kassel, Scheidemann, ein Giftattentat verübten, trug die Giftspritze eine Münchener Fabrikmarke. Die beiden Attentäter wurden zu zehn Jahren Zuchthaus verurteilt. Sie gaben in der Voruntersuchung und während der Gerichtsverhandlung an, ein unbekannter, aus Ungarn kommender Gönner hätte ihnen diese Giftspritze geschenkt und dabei versichert, Instrumente der gleichen Konstruktion hätten in Ungarn gute Dienste geleistet, um lästige Juden aus der Welt zu schaffen. So konnte man annehmen, dass die Erzeugung von Giftgebläsen schon 1922 ein besonderes Münchener Gewerbe war.

Wie dem auch sein mag, München sollte für lange Zeit ein Zentrum aller gegen die Berliner Reichsregierung organisierten Putsche sein. Auch der Putsch Adolf Hitlers wurde in München entworfen und durchgekämpft.

München war 1923 das Mekka der Staatsretter. Generalstaatskommissar Gustav von *Kahr* regierte mit diktatorischen Vollmachten in Bayern. Er war ein Partikularist aus der alten königlichen Schule. Mit seinen breiten, bäuerlichen Schultern und mit seinem harten Schädel schüttelte er alles ab, was von Berlin erdacht und erbeten wurde, damit auch Bayern mithelfe, das unter der Ruhrbesetzung schwer und schmerzlich seufzende Reich durch die entsetzliche Notzeit hindurchzusteuern und den Tag der Erlösung so vorzubereiten, dass ein innerlich und äusserlich unzerstückeltes Deutschland nach der Befreiung den wirtschaftlichen und politischen und moralischen Wiederaufbau mit vereinten Kräften betreibe.

Kahr begründete die bayrische Einwohnerwehr, ein Zivilistenkorps, organisiert in militärischer Straffheit und Strenge. Er weigerte sich, die Einwohnerwehr aufzulösen, und gab an, er brauche seine halb soldatische, doch ganz soldatisch erzogene und nach praktischer Kriegsbetätigung schreiende Mannschaft dringlichst, damit sich in Bayern das Bolschewistenabenteuer der roten Republik nicht wieder erneuere.

Die Einwände Berlins, dass der bayrische Geheimmilitarismus Deutschlands Lage gegenüber der alliierten Diplomatie täglich bedrohlicher schädige, quälten den Generalstaatskommissar nicht. Ihn störten auch nicht die in Berlin gesammelten Erfahrungen, dass tätige oder auch nur mit dem mörderischen Gedanken und Grossmaul hantierende Meuchelmörder von Ministern der jungen gebrechlichen demokratischen Republik in München und in den angenehmen Landflecken des übrigen Landes Bayern als willkommene Gäste und sogar als gefeierte Patrioten Asylrecht, falsche Pässe und echte, nahrhafte bayrische Bewirtung empfingen.

Der Generalstaatskommissar hob das Gesetz zum Schutze der Republik, die gegen Mörder und Hochverräter gerichtete Institution besorgtester Staatsmänner, auf.

Die bayrische Reichswehrdivision wurde sogar in eine besondere bayrische Eidespflicht genommen.

Otto von Lossow, General, ehemaliger Chinakrieger und Instruktionsoffizier in türkischen Diensten, Kahrs ehrgeiziger militärischer Berater, beneidete seinen schlesischen Walter von Lüttwitz, der als Führer eines preussischen Reichswehrgruppenkommandos den Kappistenputsch kommandiert und durch diese Methode des »militärischen Drucks« gezeigt hatte, wie schneidige Divisionäre die unbequemen Minister, diese überall zu zaghafter Demokratenideologie eingeschlummerten Repräsentanten der mangelhaften Zivilcourage, zur Raison und Energie zurückbringen konnten.

Die Erinnerung daran, dass Kapp in Überstürzung und in schnell enthüllter Abenteuerschwäche die Reichskanzlei schon räumte, kaum dass er den Staub der eben von ihm verjagten Reichsminister von den Regierungspfühlen abgewischt hatte, bedeutete für den forschen bayrischen General und seinen Protektor, den Generalstaatskommissar, keine Warnung. Ebensowenig waren sie enttäuscht, da sie erfuhren, dass Lüttwitz sich auf schlesischen Gütern versteckte, um nicht vor dem deutschen Staatsgerichtshof für seinen Putsch einstehen zu müssen.

Gut, jede dieser Taten liess sich als Hochverrat definieren, insofern Hochverrat gleichbedeutend mit der Zerstörung jener Staatsgewalt war, die nach der Verfassung dem Volke gehörte und die allein das Volk auf die Männer seines Vertrauens übertragen konnte; doch es lebte in den Köpfen dieser Männer die Vorstellung, dass dieser Hochverrat ja legalisiert werden konnte. Er wurde legal, sobald die Putschisten ein für allemal die Macht besassen. Dass es so kommen werde und müsse, daran zweifelten sie nicht. Ihrem Optimismus entsprach ihre agitatorische Beweglichkeit. Aus ihrem Optimismus entsprang die Zuversicht, dass sie bestimmt als Inhaber der kommenden Macht das nur juristisch konstruierte Odium des Hochverräters bald von sich abwaschen würden. Und dann würden sie bald als Retter des Reichs vor ihrem Volke und der noch zu gewinnenden öffentlichen Meinung des Auslandes dastehen. In Erwägung gezogen wurde auch der Fall, dass man im Ausland sich nicht ohne weiteres zu solchem Umschwung bekehren könnte. Dann müsste das Ausland eben wieder kriegerisch angefasst werden. Wie leicht konnte sich der passive Widerstand an der Ruhr in die aktive Attacke eines durch die Verzweiflung aufgepeitschten Volkes verwandeln.

Das waren die geheimen Gedanken, mit denen sich Kahr und Lossow beschäftigten. Sie hüteten sich wohl, alles das laut vor der Öffentlichkeit auszusprechen; doch in Berlin übte man unzweideutige Kritik an der Haltung des Generalstaatskommissars und seiner mitverantwortlichen Umgebung.

Heute ist zu sagen, dass General von Lossow durchaus keine militärische Putschregierung wünschte, weder für Bayern noch für das Reich. Er stellte sich nur für die militärische Exekutive zur Verfügung, falls Dinge ins Rollen kommen sollten, die seinen unterirdischsten Gedankengängen nicht gerade missfielen.

Ganz anders stellte sich Kapitän Ehrhardt auf den Generalstaatskommissar ein. Aus leichtem Patriotenherzen hatte er einen Meineid geleistet, um der Berliner Regierung ein Schnippchen zu schlagen. Da er sich dem Zugriff der Reichsjustiz durch die Flucht entzog, hatte er sich als einen Helden der Klugheit und der Kühnheit gefühlt, und die Gesinnungsfreunde feierten ihn deswegen mit stürmischer Begeisterung. Jetzt, da er in München uneingeschränktes Gastrecht genoss, stellte er sich dem Generalstaatskommissar und seinen Freunden mit stärkstem Entschluss zu treuer Mitwirkung zur Verfügung. Ihm wurde gedankt, er wurde ermuntert durch den Leiter des Münchener Fremdenamtes, den Polizeiamtmann *Frick*, der alles tat, damit die Spur des Kapitäns von den Berliner Fahndungsbeamten verloren wurde. Auch der Polizeipräsident *Poehner* sorgte väterlich dafür, dass der listenreiche Kapitän gegen jedes Berliner Polizeimanöver gedeckt werde.

Die Münchener rechneten mit Berliner Sympathien. In Lossows Kopf tauchte wohl zum ersten Male der Plan eines »Deutschen Direktoriums« auf. Die Vokabel entstammte der Geschichte Bonapartes, der das tragische Karnevalspiel terroristischer Volkskommissare beendet und einem diktatorischen Direktorium die Regierung über das revolutionsmüde französische Volk zugeschanzt hatte.

Warum nicht aus der französischen Geschichte Belehrung für die deutsche Geschichte schöpfen? Vor dem, was nach dem französischen Direktorium folgte, verschloss man allerdings vorläufig geflissentlich die Augen. Vielleicht traute sich jeder der Männer, die bei diesem mehr theoretischen als praktischen Komplott mitmachten, die Fähigkeit zu, eines Tages das vielköpfige Diktatorendirektorium zum Teufel zu jagen und gleich Bonaparte die vielen Köpfe durch einen einzigen genialen zu ersetzen. Im Augenblick schwieg sich jeder über diese dunkle Zukunft aus. Im Moment störte keinerlei persönliche Eifersucht das Eingehen auf die Lossowsche Idee.

Das Lossowsche Direktorium sollte sich zusammensetzen aus Männern, die der deutschen Wirtschaft und Politik Glanz verschafft hatten. Wegen dieses hohen Ziels wurde sogar der bayrische Partikularismus zum Schweigen gebracht. Ja, es waren vorzüglich Norddeutsche, an die man dachte, oder wenigstens Männer, die im Norden des Reichs Rang und Ansehen besassen.

Ob diese Norddeutschen vollkommen mit den Münchnern übereinstimmten, ob sie wirklich nach dem Scheitern des Kappistenputsches an das absolute Glücken irgendwelches eingreifenden Umsturzunternehmens glaubten, das ist heute nicht mehr mit Bestimmtheit zu entscheiden. Immerhin reisten zahlreiche Berliner Herren neugierig nach München: unter ihnen befand sich Friedrich Minoux, der Finanzmann, der mit Stinnes aufgestiegen war, ehemals ein bescheidener Stadtsekretär, hervorgegangen aus der Subalternkarriere der Eisenbahner, hierauf Magnat des Kohlenhandels, schliesslich zielbewusster Teilhaber eines Berliner Bankgeschäfts, dessen Begründer Urenkel jenes in Bayern so verachteten Volkes waren, das Gott in seinem Zorn nach der Zerstörung des Tempels von Jerusalem zum Schaden der Völker über den ganzen Erdball verstreut hatte. Auch Friedrich Wilhelm von Loebell, hoher Verwaltungsbeamter kaiserlicher Karriere, eine Zeitlang Leiter der republikanischen Reichskanzlei, dann im privaten Geschäftsleben ein geschickter Manager der Linoleumindustriellen, scheute die Reise nach München nicht.

General Ludendorff hatte in der Nacht vom 12. zum 13. März 1920 schlecht geschlafen. Deshalb war er sehr früh aufgestanden, um in Berlin spazieren zu gehen. Da wollte es der Zufall, dass er gerade um sechs Uhr morgens bei dem Brandenburger Tor anlangte. Es war das die nämliche Stunde, zu der die Putscharmee des Generals von Lüttwitz und des Kapitäns Ehrhardt durch das Berliner Siegestor einmarschierte.

Dieser welthistorische Zufall leuchtete dem Staatsgerichtshof, der die wenigen noch fassbaren Rädelsführer des Kappistenputsches abzuurteilen hatte, nicht sonderlich ein. Ludendorff geriet in den Verdacht, zum mindesten Mitwisser zu sein. Der pünktlich zur Aufmarschzeit der Kapptruppen am Brandenburger Tor beendete Spaziergang Ludendorffs war auffallend, doch nicht ausreichend, damit auch ihm der Prozess gemacht wurde.

So behielt Ludendorff seine Freizügigkeit und übersiedelte in die Nähe Münchens, dessen politische Atmosphäre ihm ausserordentlich zusagte. Freundschaftliche Beziehungen verknüpften ihn bald mit alten Kriegskameraden und neuen Gesinnungsgenossen. Im Herbst

1923 fand er die Lossowsche Idee vom »Deutschen Direktorium« so vortrefflich, dass er sie mit einem Generalstäblerausdruck als die »Patentlösung« bezeichnete.
Auch Adolf Hitler wurde in diesem erlauchten Kreis der vorläufig noch mit Theorien und Projekten arbeitenden Staatsretter zugelassen. Schon war Hitlers Einfluss gross. Er beherrschte die Riesenversammlungen in den Sälen der Bierbrauereien. Man konnte daraus schliessen, dass ihm die Seele des Volkes zuflog.

Ludendorff erkannte frühzeitig die Tüchtigkeit des Agitators, der zweifellos die Massen bezauberte. Die akademische Jugend, aber auch Arbeiter und Angehörige des kleinen Mittelstandes, die sich noch immer vor der Wiederkehr der roten Münchener Räteregierung fürchteten, strömten in die Hitlerversammlungen. Die Zöglinge der Münchener Infanterieschule, das heisst, die auf Staatskosten auszubildenden künftigen Offiziere der Reichswehr, verehrten den General Ludendorff als Meister der Kriegskunst. Sie übertrugen ihre Verehrung auf den Volksredner Hitler und zogen, um in der Menge nicht aufzufallen, gern die Uniform aus, damit sie, unbehindert durch soldatischen Etikettenzwang, von dem bewunderten Mann lernen könnten, wie der Kampf gegen das internationale Judentum, gegen die Versailler Verträge, gegen den Marxismus und schliesslich gegen die am neunten November 1918 von »Staatsverbrechern« zu Berlin proklamierte Republik am praktischsten zu führen wäre.

Kahr, von Lossow, Ehrhardt, deren Anhang und die norddeutschen Herren, die in München eintrafen, um sich zu informieren, die aber wirklich nur Beobachtungen einsammeln wollten, entgingen Hitler nicht. Er hatte sich das Wohnrecht unter den Spitzen der bayrischen Behörden und unter deren auswärtigen Schutzbefohlenen und Gästen erworben. Sein Ruf war befestigt, dass er ein hervorragender »Trommler« für die Massen, ein nie versagender Aufputscher und Aufpeitscher der Leidenschaften, ein absolut zuverlässiger Einpeitscher für Ideen sei, die aus den kleinen Konventikeln der Koryphäen in die Volksversammlungshäuser hinausgetragen werden mussten.

Ludendorff liebte den erfindungsreichen Propagandisten auch deshalb, weil Hitler unbedingte Bereitschaft gelobte, das Weltjudentum auszurotten und weil der General seine Pensionsmusse beharrlich damit ausfüllte, den vom Antisemitismus belehrten Rassenhass als Grundgefühl der deutschen Kulturträger auszuprägen.

Als sich General von Lossow im März 1924 vor dem Münchener Volksgericht gegen Hitler als Zeuge erhob, nannte er den eben noch bewunderten Bundesgenossen allerdings einen »unfruchtbaren politischen Wasserkopf«. Doch vorläufig lebte man allenthalben noch im besten Einvernehmen, und niemand wagte zu zweifeln, dass unter den kommenden Männern auch Hitler seine Zukunft haben würde.

In den Konventikeln wurde pompös verhandelt. Es mischten sich die Interessen der Verwaltungsbeamten mit den Wünschen des Militärs. Aber die Zivilisten hatten in allem nur das zweite Wort, und sie fügten sich auch ohne Widerstand der soldatischen Anregung, dass nur ein energisches Vorgehen der bewaffneten Macht Garantie dafür bieten könnte, dass das Reinigungs- und

Aufräumungswerk im »Saustall und Babel Berlin« eines Tages vollkommen gelänge. Man wunderte und entrüstete sich, weil Generaloberst von Seeckt, der oberste Chef der Heeresleitung, vollständig den Versuch unterliess, das in seinen Händen ruhende, kostbare Instrument des Heeres dem Bestimmungsrecht der Berliner Regierung zu entziehen. Allzufest schien in den leitenden Kreisen der Reichshauptstadt der Glaube eingewurzelt, dass Deutschlands Politik für die Lösung der Ruhrschwierigkeiten keine andere als die des passiven Widerstandes und des oberflächlichen moralischen Protestierens sein dürfte.

Die im Münchener Weltverbessererkreis willkommenen, offiziell gehörten und inoffiziell belauschten Freischarenspezialisten sahen in dieser Haltung der Reichsregierung nichts als eine erbärmliche Schwäche. Mit völkischem Ehrgeiz, mit ganz persönlicher Haudegenromantik und mit der unverlöschlichen Hoffnung, dass es zu irgendwelchem Revanchekrieg wieder kommen würde, waren ihre Gemüter vollgestopft.

Jetzt jammerten sie, jetzt rumorten sie in Rebellenplänen, da sie zur Bewegungslosigkeit verdammt waren. Hatten die Kadetten der Offiziersschule, Ludendorffs besondere Protektionskinder, die sich nach ruhmbringender Arbeit an irgendwelcher Front sehnten, mochte es auch nur die Bürgerkriegsfront sein, hatten die schlichteren Mitglieder der Einwohnerwehren und die von Ehrhardt in der Organisation »Konsul« militarisierten Jünglinge, hatten schliesslich die Mannschaften des »Kampfbundes« und der freiwilligen Trupps »Oberland« und »Reichsflagge« ihre Tagungen und Waffenübungen nur abgehalten, um langweilige bayrische Grenzwacht gegen Preussen zu halten?

Nein, Ludendorffs Plan ging viel weiter. Und sein Plan bildete das strategische Hauptfundament aller dieser Projekte, für deren Ausführung schon reichliche irreguläre Exekutivkorps vorhanden waren. Die Gelegenheit zur militärischen Arbeit musste gesucht werden. Sie wurde gefunden. Die Parole lautete nicht mehr: los von Berlin. Das war eine rein zivilistische Parole gewesen. Die Heeresparole, auf die man begierig wartete, lautete: gegen Berlin! – Genau so wie im März 1920.

Gegen den »Sumpf und das Babel Berlin«, auch gegen das jüdische und marxistische Berlin.

Da riss Hitler, der das Warten nicht länger ertrug, die Initiative an sich. Er wollte den zögernden Freunden, die zwar im Fieber der Gedanken berieten, die aber immer noch nicht den günstigen Moment für gekommen erachteten, die Tat aufdrängen.

Darum wagte er den Putsch vom achten November 1923.

Er glaubte ihn wagen zu dürfen, da die grossen Männer, mit denen er sich in den theoretischen Wortgefechten gemessen hatte, ihn verhätschelten. Sie hatten seine geringe Herkunft übersehen. Sie waren selber, ob Politiker oder Militärs, als Söhne alteingesessener Familien, schnell und leicht zu ihrem hohen Posten emporgestiegen. Trotzdem liessen sie den Emporkömmling Hitler ihre aristokratische Überlegenheit nicht spüren.

Hitler braucht sich nicht vor ihnen zu ducken. Wenigstens gestattete ihm das Selbstgefühl nicht, seine Gleichberechtigung mit all den hohen Herren zu bezweifeln. Beim Generalstaatskommissar von Kahr, beim Polizeipräsidenten Poehner, bei Polizeiamtmann Frick, bei General von Lossow, bei Ludendorff, dem feierlich respektierten höchsten Sachverständigen, kurz, bei allen entscheidenden Persönlichkeiten ging er ein und aus. Ludendorff hatte es nicht verschmäht, dem jungen, vom österreichischen Ausland heranstürmenden Freunde, dem Sohne des kleinen österreichischen Zollbeamten und der bescheidenen tschechischen Mutter, sein ganzes Herz aufzuschliessen. Und Hitler hatte ergriffen ausgerufen: »Leisten Sie reine Arbeit, Herr General! Gottes Segen über Sie!«

Nur gelegentlich hatte einer von den Eingeweihten, etwa der Polizeioberst Seisser, Hitler vor Übereilungen gewarnt. Die Warnung sollte aber nicht einer Abschreckung gleichwertig sein. Sie sollte nur die Mahnung bedeuten, dass Hitler sich nicht durch seinen Propagandistenehrgeiz verlocken lasse, das Siegergehirn Ludendorffs überflügeln zu wollen.

Hitler hatte sich sehr schnell und mit bemerkenswerter Geschmeidigkeit in die Umgangsformen seiner Schirmherren eingelebt. Mit Schlauheit und Hellhörigkeit hatte er gelernt, die verbindlichen Warnungen seiner Freunde als sehr unverbindliche Floskeln einzuschätzen. Im Grunde hörte er nur sich selbst. So entnahm er den liebenswürdigen Worten des Polizeiobersten nichts als die herzliche Aufforderung, mit unverbrüchlicher Treue zur Stange zu halten.

Er gab sein Ehrenwort, dass er selbständig nicht putschen werde. Vielleicht gab er dieses Wort sowohl dem Obersten Seisser wie dem General von Lossow. Im

Augenblick, da er es gab, glaubte er durchaus, dass er vertrauensvoll die letzte Initiative der Weisheit des militärischen Seniors Ludendorff überlassen könnte. Er war in diesem Augenblick überzeugt, dass niemand ihm den gebührenden Platz streitig machen und dass er bei einem künftigen Unternehmen seinen Ruhm und sein Ansehen reichlich vermehren werde.

Darum setzte er im Augenblick, da er sein Ehrenwort gab, noch strahlend hinzu: »Halten Sie mich nicht für so dumm, ich mache keinen Putsch!« Das sollte heissen: »Ich mache keinen Putsch auf eigene Faust.«

Doch diese formale Erklärung konnte für ihn nur einen fiktiven Sinn haben. Sagen wollte er in Wirklichkeit, dass er den Putsch nur als gehorsamer Gefolgsmann Ludendorffs machen würde.

Der beredsame junge Mann beherrschte wohl das massive Wort, wenn er in den Brauereien auf die Massen eindonnerte. Bei der gemesseneren Unterhaltung mit den zur Spitzfindigkeit neigenden Beamten, die ihn würdig, wenn auch zeitweise ein wenig obenhin behandelten, geriet er ins Stammeln. Es war sein Schicksal, dass er bei allen Gesprächen stets mehr auf sich selber und seine geheimen Wünsche als auf den Gesprächspartner achtete. So stolperte er in das Ehrenwort, das er gab, hinein, ohne in der Hitze des Wortwechsels seiner unzähmbaren Hitzigkeit Rechnung zu tragen.

Durch Ritterlichkeit wollte er imponieren. Er hoffte auch eine Zeitlang, sein Ehrenwort halten zu können.

Wenn er es später trotzdem brach, so ging eben sein Abenteurertemperament mit ihm durch, das, was er als Genie in sich anbetete, das, was er als Verwirklichung seines Führertums vergötterte. Als er später ohne seine Freunde putschte und so sein Ehrenwort brach, quälten die Gewissensbisse ihn wenig.

Paris lohnt eine Messe, sagte sich König Heinrich der Vierte von Frankreich. Die Erfüllung des Siegertraums lohnt ein flüchtiges Ehrenwort, sagte sich Hitler, und er sprengte den Zwang, den er sich in einer schwachen Stunde auferlegt hatte.

Er überrechnete seine Kräfte: was Schlagkraft, Titel und Verbindungen in München besass, kannte ihn, es erkannte ihn sogar an. Dazu hatten noch Nürnberger Industrielle zwanzigtausend amerikanische Dollars Hitler zu freier Verfügung gestellt. Als einzige Garantie hatten sie seinen guten Willen akzeptiert, die Berliner Regierung, den Weltsozialismus und die jüdische Weltfinanz zu beseitigen.

Wahrlich, er genoss schon einen ausgedehnten Bank- und Führerkredit! Und man bedenke, was alles gekauft werden konnte, als im Herbst 1923 Billionen und aber Billionen für ein flaches Dollarbündel eingewechselt wurden: von Menschen ein ganzes Rudel, Waffen waggonweise, die glühendsten Hoffnungen und die kühnsten Heldenversprechungen von Desperados, die sich dem mit Worten und Belohnungen so verschwenderischen Condottiere mit Haut, Haaren und innigster Überzeugung verkauften.

Als Leibwache, bereit mit dem Häuptling zu leben und zu siegen, oder auch, wenn es not tat, zu fallen und zu sterben, umringte ihn eine Mannschaft herkulischer Janitscharen. Wichtig war nicht, dass Hitler den Freunden das Ehrenwort hielt. Das traute er sich selbstverständlich unbedingt zu, er, der ausgezeichnete Ritter des Eisernen Kreuzes erster Klasse wohlerprobt in vier Jahren des blutigsten Krieges. Darauf kam es allein an, dass die nicht käuflichen, dass die nur durch das ätherische Band der Idee mit ihm verknüpften Herren nicht versagten.

Die Frage, ob die proletarischen Vasallen ihm treu bleiben würden, beunruhigte ihn nicht.

Hitler, der Emporkömmling, der Matador in den Brauereisälen, stockte nur, wenn er das schwer wägbare, stets so kavaliermässig hingeworfene Treugelöbnis seiner aristokratischen Protektoren als Realfaktor in seinen strategischen Plan einsetzte.

Dann war der November, Hitlers Schicksalsmonat, gekommen.

So oft er seit 1918 das erste Novemberblatt vom Kalender abgerissen hatte, durchwirbelte ihn das Aufruhrfieber. Im November 1918 war das marxistisch-jüdische Staatsverbrechen in Berlin geschehen. Im November musste es gesühnt werden. Das war Gottes Gebot für Hitler, der die symbolischen Daten liebte, und den das Datum trieb, die symbolische Tat zu vollbringen.

Für den achten November 1923 war eine Riesenversammlung in dem Münchener Bürgerbräukeller einberufen. Politik und Brauerei, das war nun seit Hitlers Zeiten in dieser Stadt stets die Regel. Noch beschlagnahmte die Masse nicht die Strasse, wie es später bei den nationalsozialistischen Volksschwärmern und Sturmtrupps Gewohnheit ward. Noch musste der nationalsozialistische Demonstrant Hopfen und Malz im gärenden Schwunge wittern, um die richtige Witterung für die politische Morgenluft zu nehmen.

Um acht dreiviertel Uhr abends sollte der Redner auf dem Podium erscheinen. Als Redner war nicht Hitler angesetzt, sondern Bayerns höchster Staatsrepräsentant, Herr von Kahr, der Generalstaatskommissar selber.

Er zählte nicht zu den rhetorischen Überwältigern der Masse, doch die Andacht war ihm sicher, weil es sich ja seit langem herumgesprochen hatte, dass er der Kopf der Campagne gegen Berlin war. Er war auch kein blendender Kopf, doch er bedeutete für die Masse die Inkarnierung der Zähigkeit. Er war schliesslich der Siegelbewahrer des Geheimnisses, dass Deutschland nur durch Bayern genesen könnte. Ausserdem war er der massgebende Befehlshaber für alle Regierungsbehörden. Durch den Generalstaatskommissar hatten alle zivilen und militärischen Amtsstellen den ungeschriebenen Auftrag empfangen, zugleich mit einem wachsamen und geschlossenen Auge die politische und moralische levée en masse zu fördern.

Das heisst: all den illegitimen, von Berlin aus verbotenen militärischen Geheimbünden durften keine Schwierigkeiten in den Weg gelegt werden. Man sollte sie der Form nach nicht unterstützen. Man sollte jedoch darauf achten, dass sie sich alle Bewegungsfreiheit verschaffen konnten, die ihnen notwendig schien.

Instinktmässig misstraute Hitler aber dem Generalstaatskommissar und dem General von Lossow, den er auch im Braukeller anwesend wusste. Die Männer waren nicht ganz nach seinem Geschmack, obwohl er sich angelegen sein liess, sie nach Kräften zu hofieren. Sie hatten sich in der Idee radikal gegen Berlin erklärt, sie pflegten sich aber hin und her zu winden, sobald der Feldzugsplan schwarz auf weiss notiert, sobald er durch eine Urkunde mit notarieller Kraft von allen Beteiligten beglaubigt werden sollte.

Jetzt wollte Hitler ihnen das »Sprungbrett« hinbreiten, eine schiefe Ebene, eine Rutschbahn. Wer erst oben auf der Kante Posten fasste, der glitt unweigerlich zur Tiefe, der landete im Getümmel, der musste sich gewaltsam und entschlossen aufrichten, um nicht zertrampelt zu werden.

Das war physikalisches Gesetz. Gesetz heisst auf lateinisch lex. Noch immer hatte Hitler diese Vokabel im Gedächtnis. Also war der Druck, den er auf Kahr auszuüben gedachte, Naturgesetz, also war er legal. Keinen Augenblick zweifelte Hitler, dass seine Auslegung mit allen Moral- und Rechtsgrundsätzen übereinstimmte. Unbelastet und ruhig war sein Gewissen.

Im Münchener Zirkus Krone, wo er auch häufig Volksversammlungen abzuhalten pflegte, wurden Eisbären gezeigt. Sie waren störrische Bestien und unlenkbar, wenn sie nicht überlistet wurden. Die List bestand darin, dass man sie mit Spitzeisen auf die Hochkante des zur Tiefe gekippten Sprungbrettes vorwärtsstiess. Hitler rechnete damit, dass das nämliche Kunststück angewendet werden müsste gegen Kahr und Lossow, die Meister der Verzögerung, in denen nur ein schwächliches Novemberrebellentum schwelte. Sie gaben als staatsmännische Zaudertaktik aus, was Hitler seiner ganzen Veranlagung nach als eine Feigheit ansah. Vorläufig wagte er noch gar nicht, diesen entsetzlichen Gedanken auszudenken. Könnten seine besten Freunde wirklich feige sein, könnten sie, Gott behüte, gar wortbrüchig werden?

Die Fragen schwirrten beängstigend durch Hitlers Erwägungen. Dann lohnte sich, ja, dann gebot sich sogar nach göttlichstem und menschlichstem Notwehrgesetz der Wortbruch gegen sie.

Also beschloss Hitler, nicht länger zu warten und auf eigene Faust zu putschen.

Punkt acht dreiviertel Uhr langte er im Bürgerbräukeller an.

Eine bewaffnete Leibwache umringte ihn. Sie brach ihm Bahn durch den dichtgefüllten Saal. Er kletterte auf das Podium. In einem Seitenzimmer hielten sich die hohen Herren noch auf, wie die Virtuosen tun, die erst die Ungeduld und Sehnsucht der Menge im Saal aufkochen lassen, bevor sie sich vor ihren beifallklatschenden Bewunderern zeigen.

Auch die Technik zur Anspannung und Novemberbearbeitung der Volksversammlungsmassen wollte gelernt sein. Das Verhandeln und Zögern verstanden die hohen Herren. Den Lasso auf die Massen auszuwerfen und sie in den Gedankenkreis des Redners unrettbar hineinzuschlingen, das verstand Hitler viel besser als die intellektuell und amtlich gehemmten Männer. Sie waren immerhin kein so unbeschriebenes Blatt wie der Privatmann Adolf Hitler. Sie hatten Titel und Pensionen zu verlieren und mussten deshalb, trotz ihrer ehrlichen Begeisterung, achtgeben, dass sie sich den Mund nicht allzu heftig verbrannten. Hitler hatte allzuoft erfahren, dass die hohen Herren sich immer noch ein Hintertürchen offen liessen für den Fall, dass irgend etwas schief ginge.

Diese Hintertür verriegelte Adolf Hitler wortwörtlich. Nachdem er Kahr, General Lossow und den Polizeiobersten Seisser in das Nebenzimmer gelockt hatte, fuchtelte er mit der geladenen Pistole vor ihnen herum. Der Generalstaatskommissar durfte ihm um keinen Preis entweichen, und er bemühte sich, ihn in Schach zu halten.

Die Worte, die bei diesem dramatischen Zusammentreffen gewechselt wurden, blieben deshalb Geheimnis, weil Hitler vor dem Volksgericht, das ihm wegen des Putsches den Prozess machte, ganz anders aussagte als die drei bedrängten Herren.

Die Herren beteuerten, Hitler hätte eine lächerliche und komödiantische Szene aufgeführt. Sie beteuerten ihre Verwunderung darüber, dass Hitler sich fortreissen liess, mit dem gefährlichen Schiesszeug herumzuspielen. Sie beteuerten aber auch, dass sie als alte Frontsoldaten dieser Komödie keine besondere Bedeutung beimassen.

Hitler schilderte die Szene dagegen als einen Auftritt von ergreifender Tragik. Gekommen wäre er in der felsenfesten Überzeugung, dass die Herren darauf brannten, ihm ihr Verschworenen- und Ehrenwort einzulösen. Als Brüder wollte er sie jetzt umarmen. Im Triumph wollte er den Generalstaatskommissar vor das versammelte Volk geleiten. Verkünden sollte Herr von Kahr: »Die Berliner Regierung ist abgesetzt! Wir haben es mit Herrn Adolf Hitler verabredet. Wir haben uns gegenseitig einen heiligen Helfereid geschworen. Wir sind Brüder unter einer Devise. Auch General Ludendorff ist der Unsrige. Zu Hause harrt er in Ängsten, dass wir ihn holen. Dann wird er jubelnd in unsere Mitte treten. Denn dem siegreichen Chef des grossen Krieges ist die hohe Aufgabe zugefallen, für das künftige Reich, das wir sofort gründen werden, die deutsche Nationalarmee zu bilden. Alles wird glatt und ohne

Störung vor sich gehen. Auch die Münchener Garnison steht hinter uns, hinter uns stehen schliesslich die grossen Massen der Bevölkerung. Heute nacht noch, morgen früh ganz bestimmt, marschieren wir zur preussischen Grenze und von der Grenze in gerader Linie gegen Berlin, wo die Novemberverbrecher von 1918 hausen, die Deutschland an den Bettelstab gebracht, die den Geist der Freiheit und Wehrhaftigkeit in unserem deutschen Volke getötet, die den Schandfrieden von Versailles unterzeichnet, die uns Sklaventributlasten auferlegt haben, an deren Tilgung noch unsere Söhne und Enkelkinder zu tragen haben werden bis in alle Ewigkeit.«

Kahr sprach nichts von alledem. Kahr liess sich nicht vor das Volk zerren.

General von Lossow machte eine despektierliche Bewegung, indem er den Finger, der sein Schwurfinger hätte sein sollen, zur Stirne erhob.

Der Polizeioberst Seisser blieb stummer Zuschauer.

Hitler bettelte: »Vergessen Sie das Vaterland nicht, Exzellenz! Ich werde schiessen, wenn Sie nicht nachgeben! Doch mit der letzten Kugel im Pistolenlauf werde ich mich eigenhändig umbringen, falls das Unternehmen, auf dem Gottes Segen ruht, scheitern sollte, falls es scheitern sollte infolge Ihrer Weigerung, Ihr mir heilig verpfändetes Ehrenwort einzulösen!«

Hitler löste die erste Kugel, die den Widerstrebenden treffen sollte, nicht. Er vermochte und brauchte deshalb auch nicht die letzte Kugel zu lösen.

Statt dessen hatten Kahr, Lossow und Seisser, die seit langem den Durchbruch des Hitlerschen Ungestüms fürchteten, die seit langem damit rechneten, dass der

Phantast und Störenfried eines Tages gebändigt werden müsste, ihre Gegenmassregeln getroffen.

Statt des Marsches gegen Berlin erfolgte am neunten November in den Strassen Münchens ein Blutvergiessen.

Ob Hitler an der Spitze der Putschisten gegen die bewaffnete Polizei- und Militärmacht marschierte, ob General Ludendorff, der sich inzwischen mit Hitler verbündet hatte, neben dem Freunde in der ersten Reihe ging, die Augenzeugen der wilden Schiesserei klärten die traurigen Ereignisse niemals vollkommen auf. Erzählt wurde nur, dass Hitler und Ludendorff sich beim Heransausen der Kugeln zu Boden warfen.

So sanken sechzehn Männer und Jünglinge, tödlich getroffen, aufs Pflaster.

Der älteste zählte gerade 50 Jahre, der jüngste erst 19. Es war der stud. ing. Karl Laforce, also ein Märtyrer französischen Bluts, der durch seinen todbringenden Opfergang Hitlers heiligsten Glauben zuschanden gemacht hatte, dass nur Jünglinge und Männer reinen deutschen Stammes für diesen deutschen Putsch sterben dürften.

Diesen sechzehn Toten widmete Hitler hernach sein Buch »Mein Kampf«. Er schrieb zur Einleitung seiner Totenehrung: »Am neunten November 1923 zwölf Uhr dreissig Minuten nachmittags fielen vor der Feldherrenhalle sowie im Hofe des ehemaligen Kriegsministeriums folgende Männer im treuen Glauben an die Wiederauferstehung ihres Volkes.« Er endete: »So widme ich ihnen zur gemeinsamen Erinnerung den ersten Band dieses Werkes, als dessen Blutzeugen sie den Anhängern unserer Bewegung dauernd voranleuchten mögen.«

DAS VOLKSGERICHT

Das Volksgericht gegen Adolf Hitler, im Polizeiregister als Schriftsteller eingetragen, angeklagt wegen Hochverrats, tagte in der alten Infanterieschule, das heisst in der Kriegsakademie, wo besonders die Söhne des Adels zu Offizieren der Reichswehr erzogen wurden.

General Ludendorff hatte sich verpflichtet, die Fähnriche zum Mitkämpfen auf Hitlers Seite zu bringen. Ohne Bruch des Fahneneides, den die jungen Soldaten der Republik geschworen hatten, war das aber wohl nicht möglich.

Im Bezirke der Brauereien und Kasernen, wo sonst Frohsinn, Bierseligkeit und Verliebtheit regierten, lag das Volksgericht.

Die Strasse, deren Hauptteil das Gerichtshaus einnahm, trug den düsteren und symbolischen Namen der Blutenburg. Wahrlich, durch einen Burgwall von Blut wollten Hitlers Mannen hindurchwaten, um das neue Reich aufzubauen.

Nun deckte schon der grüne Rasen viele der begeisterten Jünglinge, und eben begannen die ersten Märzblumen über den Gräbern zu spriessen.

Der Zugang zur Strasse des Gerichts wurde von spanischen Reitern verbarrikadiert und von Posten bewacht, die in Kriegsalarm standen.

Die Bewohner der Strasse konnten nur mit besonderen Pässen passieren. Der Gerichtsbezirk war für Photographen und – Hausierer gänzlich gesperrt. Die Hausierer waren gefürchtet, weil sie mit Sprengstoffen und Brownings hätten handeln können. Auch konnten sie verkappte Bombenwerfer sein.

Wer das Gerichtsgebäude betrat, wurde streng auf Waffen untersucht. Besonders vertrauenswürdige Frauen durchsuchten die Frisuren, Unterkleider und Strümpfe der Damen nach Mordwerkzeugen. Das erwies sich als notwendig, da es erstaunlich vielen Damen gelungen war, sich Eintrittskarten zum Prozess zu verschaffen. Hatten sie die Gunst der strengkontrollierenden Gerichtsschreiberei erbettelt aus Verehrung für Hitler oder aus Hass gegen ihn?

Frauen jeder Altersklasse, nicht die Arbeiterinnen der Werkstätten und Fabriken, sondern die juwelengeschmückten Kundinnen der Goldschmiede, Parfümeure und berühmtesten Lieferanten des pariserischsten Modechics hatten sich seit jeher in die Versammlungen des faszinierenden Volksredners gedrängt. Sie stachen dort seltsam ab gegen die von Inflationsnot ausgemergelten und zerfetzten Proletarier, die unter Hitlers Leitung das dritte Reich des Glücks, der Freiheit und des süssen Brotes zu entdecken hofften. Jetzt blieben die Proletarier vom Volksgerichte ausgeschlossen, doch den Damen versagte man nicht, was ihre Schaulust befriedigte.

Jeden Morgen fuhr General Ludendorff durch den frostigen Vorfrühlingsnebel zur Blutenburgstrasse. Die

Posten an den spanischen Reitern erspähten einen schweren, robusten Mann, dessen aufgedunsenes Gesicht von violetten Blutsträhnen durchsetzt war. Da er den Kopf senkte, hingen die gefalteten und gewulsteten Wangen bis auf die Brust. Der Mann versteckte sich in der Tiefe seines Automobils. Der Musketier am Stacheldraht wusste vielleicht, wer der Mann war, der so müde und schlagflüssig aussah, doch er hatte Order erhalten, es nicht zu wissen.

Um die achte Morgenstunde hielt der Wagen des Generals vor dem Volksgericht. Denn trotz der noch märzlich verdunkelten Halbwinterzeit war der Beginn der Verhandlung schon auf die achte Morgenstunde angesetzt. Der General, der auch während des Prozesses auf freiem Fusse blieb, begab sich zu den ihm wohlbekannten Fähnrichszimmern der Kriegsschule, wo die übrigen Angeklagten nachts als Untersuchungshäftlinge einfach aber wohnlich untergebracht waren.

Die Angeklagten, Hitler an der Spitze, dann Oberstleutnant Kriebel, der mehrere Jahre später militärischer Berater für den chinesischen Bürgerkrieg wurde, Hauptmann Röhm, ferner Oberleutnant Brückner, Leutnant Wagner und Oberleutnant Pernet, Ludendorffs Stiefsohn, scharten sich um den General.

Gemeinsam betraten sie den Saal des Gerichts.

Alle Anwesenden, denen es geglückt war, zur Zeremonie eingeladen zu sein, vor allem die auserwählten Verwandten und Freunde, erhoben sich, um den Angeklagten ihre Verbeugung zu machen.

Erschien in alten königlichen Zeiten die Majestät, dann wurde ihr die nämliche Ehrfurchtsreverenz dargebracht.

Hitler, General Ludendorff und die übrigen Angeklagten wurden vom Vorsitzenden des Volksgerichts, Landgerichtsdirektor Dr. Neidhardt, aufgefordert, ihr Leben zu erzählen, ihre Seele zu durchleuchten, ihre Beschwerden gegen die bestehende Staatsordnung vorzubringen, ihre Gedanken über Gott und die Welt, über Vergangenheit und Zukunft Deutschlands darzulegen. Der Präsident versagte den Angeklagten keine Gelegenheit, jedes Motiv ihrer Tat nachdrücklich auseinanderzusetzen.

General Ludendorff drückte die scharfe, mit schwarzem Horn umränderte Riesenbrille, die er in den Ruhepausen oder in Momenten, da er frei redete, gleich einem Geweih zur dunkelrot durchäderten, gekanteten Stirn emporzuschieben pflegte, auf die Nasenwurzel nieder. Das Manuskript knisterte in seinen Fäusten. So still wurde es im Saale, dass selbst das Recken seiner Glieder und das Rasseln seines Atems als heftige Kraftentfaltung und innerliches Ringen empfunden wurden.

Aus dem spitzen Ton der Rede konnte man den Widerwillen des Generals verspüren, auf Frage und Antwort dieses bürgerlichen, aber noch dem alten Staat dienenden Gerichts eingehen zu müssen.

Der General begann: »Ich bin alt geworden unter der ungeheuren Last, die während des Krieges auf mir lag.«

Er beteuerte, dass nur »geistige Ideen« die Weltgeschichte bestimmen.

Wieder war er nur der mit gespanntem Schützenblick die Ereignisse verfolgende Zuschauer gewesen.

In seiner Villa hatte er sich bereit gehalten.

Wofür?

Alles deutete darauf hin, dass seine Freunde ihn davor behüten wollten, in die materiellen Vorbereitungen des Putsches verwickelt zu werden. Die Verschworenen begnügten sich damit, ihn bei München in schnell erreichbarer Nähe zu wissen. Über die Aufgabe, die ihm nach dem Gelingen des Unternehmens zufallen sollte, hatten sich der Oberführer und seine Helfer wohl gründlich ausgesprochen, doch der geistige Protektor sollte mit Einzelheiten nicht behelligt werden.

Es genügte dem Führer und den Unterführern die Gewissheit, dass der General sich keinem seiner Besucher entzog, dass er den tatendurstigen Zöglingen der Offiziersschule väterlich die Schulter klopfte, dass er erfochtene Siege strategisch erläuterte, dass er von Siegen, die noch zu erfechten waren, zutiefst durchdrungen war.

Der General hatte bei München auf seinen Tag gewartet. Vielleicht, dass er sich eines Tages wieder einmal nach einer schlaflos verbrachten Nacht aufmachen würde, um die Ursachen des bis zu seiner Hügelvilla emporrauschenden Waffengeräuschs zu erforschen.

Seine Freundschaft mit den Kadetten und Fähnrichen, auch die Tatsache, dass der junge Leutnant Rossbach von geheimnisvollen Hoffnungen und Plänen des Generals an die soldatische Jugend berichtete, auch die letzte Tatsache, dass von einem Ludendorffschen Aufmarschplan gegen Berlin orakelt wurde, alles das reichte für die Justiz nicht aus, ihn irgendwelcher Mitwirkung an dem Putsch zu überführen.

Unter den Zeugen befand sich auch General Hildebrand, ein Jugendfreund Ludendorffs. Er bekundete, sein berühmter Kriegskamerad habe die Absicht gehegt, nach einem Misslingen des Hitlerschen Vorstosses Selbstmord zu begehen. Hildebrand erzählte weiter, Ludendorff habe versichert: »Ich würde ein ganz gemeiner Schurke gewesen sein, wenn ich Hitler verlassen hätte.«

Das zeugte nun wiederum weder für noch gegen Ludendorff. Ein Heldengefühl und ein Märtyrerwillen konnten nicht bestraft werden. Vergolten durften diese übermenschlichen Empfindungen nur werden, wenn der seelische Entschluss, wenn die melancholische Opferbereitschaft und das Bekenntnis zum Hitlerschen Geist durch eine Tat gekrönt worden wären.

Ohne Rückhalt, ja sogar mit ergreifender Gedankenenergie, hatte sich Ludendorff dem Hitlerbunde angeschlossen. Vielleicht war er an dem entscheidenden Abend des achten November 1923 nicht mehr dazu gekommen, durch die Tat den Segen zu erwidern, den ihm Hitler einstmals gespendet hatte. Das Münchener Volksgericht verzichtete darauf, all diese psychologischen und Schicksalsrätsel zu entziffern.

Das Schicksal schien es stets so mit Ludendorff zu fügen, dass ein hässlicher, geringer Zufall ihn daran hinderte, seine rein geistigen Waffen in stählerne und explodierende zu verwandeln und diese Kriegsmaschinerie gegen den Feind seiner Wahl zu richten.

Nach allem, was erörtert wurde, galt aber nur als erwiesen, dass Ludendorff am Mittag des neunten November in den Schwarm der Rebellen hineingerissen wurde, genau so wie manche der Harmlosen, die zu dieser tragischen Stunde hinter Hitler hertrabten. Als erwiesen galt nicht, dass er mit Vorbedacht den Rebellenschwarm hinter sich hergerissen hatte.

Wo ihn auch seine Unrast hintrieb, ob vor das Brandenburger Tor in Berlin oder vor die Münchener Feldherrnhalle, stets blieb Ludendorff nichts anderes als der Zuschauer, dessen Tatendrang durch dunkle Schicksalsmächte erstickt wurde.

Das Gericht prüfte alle diese Gründe, und es sprach Ludendorff von der Schuld frei, am Hitlerputsch beteiligt gewesen zu sein.

Aber Hitler bekannte ganz klipp und klar. Entrüstet titulierte er die verfassungsmässigen Inhaber der Staatsgewalt »diese Lumpen, dieser Mist!« Er beteuerte: »Die Masse hat nach meinem Putsch geschrien!«

Das war der Auftakt. Es kam zu wilden Szenen. Denn Hitler versuchte, um jeden Preis aus dem Generalstaatskommissar von Kahr, dem General von Lossow und dem Polizeiobersten Seisser das Geständnis herauszupressen, dass sie ihn hintergangen, ja, dass sie ihn schändlich belogen und betrogen hätten.

Alle rhetorischen Mittel, die Hitler durch sein beharrliches Training bis zu höchster Virtuosität entwickelt hatte, liess er noch einmal spielen, um das moralische Recht zu sich herüberzureissen.

Der Generalstaatskommissar stand schlechtgelaunt und dickköpfig vor dem Zeugentisch. Der Gerichtspräsident und die Advokaten verlasen vorsichtig formulierte Fragen, auf die Herr von Kahr Rede stehen sollte. Er rührte sich nicht. Er schüttelte nur den Kopf. Er biss die Lippen zusammen.

Hitler bestürmte ihn: »Exzellenz, was hatten wir vereinbart?«

Der Generalstaatskommissar schwieg und schwieg.

Hitler ballte die Fäuste. Seine Stimme überschlug sich. Es fehlte wenig, und er wäre in Tränen ausgebrochen: »Exzellenz, Sie hatten mir Ihr Ehrenwort verpfändet, dass Sie mit uns zusammengehen würden!«

Der Generalstaatskommissar hatte nur eine abwehrende Bewegung.

Deutlicher wurde General von Lossow. Er behandelte Hitler wie einen Hysteriker. Der Militär lehnte das Eingehen auf psychiatrische Spitzfindigkeiten ab. Als Hitler sich an ihn mit unerschöpflichem Redeschwall klammerte, machte er der Szene ein Ende. Er verbeugte sich vor dem Richtertisch, er machte kehrt, schallenden Schrittes verliess er den Gerichtssaal. Wütend knallte er die Türen hinter sich zu.

Ungeheure Verblüffung. Der General hatte sich über den Respekt, den er dem Gerichte schuldete, kavaliersmässig hinweggesetzt. Erwogen wurde, ob er eine Ordnungsstrafe verdiene. Hitler legte die Hand aufs Herz, um zu beteuern, dass ihm auch vom General von Lossow jede formale Zusage in die Hand versprochen worden sei.

Der General, der, sehr zufrieden mit seinem Streich und in bester Laune den Gerichtssaal wieder betrat, bezeichnete noch einmal alle Bekundungen Hitlers als leeres Phantasiegebilde.

Polizeioberst Seisser bekräftigte diese Aussage.

Da sprangen die Verteidiger auf: »Die Hochverräter sind nicht Adolf Hitler und die übrigen Angeklagten, es sind der Generalstaatskommissar, der General und der Oberst. Der Wortbrüchige ist nicht Hitler, es sind Kahr, Lossow und Seisser!«

Die Verteidiger forderten die sofortige Verhaftung des Generalstaatskommissars, des Generals und des Obersten.

Dass Kahr eingewilligt hätte, aus den Händen Hitlers das Amt des »Reichsverwesers« anzunehmen; dass unter der Ägide Kahrs in Berlin »aufgeräumt« werden sollte, – das war die These der Advokaten.

Wort stand gegen Wort, Behauptung gegen Behauptung, Anschuldigung gegen Anschuldigung. Als die drei Kronzeugen den Saal verliessen, waren die Freunde von einstmals zu erbitterten Feinden geworden.

Noch ein Letztes wurde durch die Verhandlung offenbar: Hitler erklärte: »Marxismus ist die Lehre, die prinzipiell den Wert der Persönlichkeit als schaffende und schöpferische Persönlichkeit ableugnet.« So wollte er das, was sich in seinen Ideen als Marxismus spiegelte, nicht mehr als die ungeheure Massenblendung entlarven. Sagen wollte er nur, dass der Marxismus dem Individuum im Wege sei. Als solches bebesonders begnadetes Individuum fühlte er sich selber. Auch vor dem Münchener Volksgericht schilderte er den Kampf, den das Genie unerbittlich gegen die törichte und schwerfällige Masse zu führen hätte. Der Begriff, den er sich vom Marxismus gebildet hatte, wurde auch vor dem Volksgericht nicht geklärt. Geklärt wurde allein die Tatsache, dass Hitler zu den entlegensten Sphären der Selbstanbetung emporgeklommen war.

Die Gegner nannten ihn deswegen einen wildgewordenen Nietzscheaner. Da er in den Biersälen die Revolution zur Gründung des neuen Reichs unermüdlich gepredigt hatte, nannte man seinen Aufruhr den Bierputsch und den Rebellen einen Nietzscheaner von Bierkellerformat.

Hitler wurde gefragt, welchen Posten er denn in dem dritten Reich für sich verlangt hätte. Stolz erwiderte er: »Ich wollte nichts als der Trommler für das dritte Reich sein.« Es ist ihm zu glauben. Der Propagandachef, der Einpeitscher, der Negierer des Bestehenden, der die »Notwehr gegen die norddeutsche Schandwirtschaft« gebot, vermochte auch gar keinen anderen Posten zu bekleiden. Immer wieder verriet sich, dass der Hohlraum der schwelgerischen Propaganda seine einzige Heimat war.

Als im Gerichtssaale alle seine früheren Freunde ihn abschüttelten, gestand Hitler, dass der Putsch vom 8. November gar nicht sein letztes Werk habe sein sollen. Diesen Putsch erachtete er nur als ein erstes Aufrütteln, als ein erstes Propagandaexperiment, als eine Generalprobe für Putsche, die noch folgen sollten. Er liebte den Putsch nicht um des Zieles willen, den das Unternehmen bringen könnte, er liebte den Putsch um des Putsches willen. Das grosse Bürgerkriegsspiel gefiel dem Manne, der sich schon als Knabe mit Kriegsscharteken beseligt zurückzuziehen pflegte, unendlich. Vor dem Generalstaatskommissar drohte er, er würde sich eine Kugel in den Kopf schiessen, wenn sein Unternehmen scheiterte. Er tötete sich nicht, weil er sein Leben brauchte zur Erfüllung seiner Lieblingsaufgabe: zum Putschen.

Am 1. April 1924 wurde Adolf Hitler des Verbrechens des vollendeten Hochverrats schuldig gesprochen und zu fünf Jahren Festung verurteilt. Schon im Herbst 1924 wurde ihm Strafunterbrechung und Bewährungsfrist für die Dauer von vier Jahren bewilligt. Kurz vor Weihnachten verliess er die Festung Landsberg am Lech.

DER DEUTSCHE KRIEG

Das Münchener Volksgericht glaubte dem Angeklagten nichts.
Es glaubte ihm besonders nicht, dass er seine hohen Kumpane auf Herz und Nieren geprüft hätte. Es glaubte nicht, dass Hitler sich nur als beauftragter Wegbereiter für den Generalstaatskommissar von Kahr und dessen vornehme Vasallen zum Putsch gedrängt hätte. Es nahm vielmehr an, dass Hitler mit unbezähmbarem Ehrgeiz eine Vergewaltigung der Männer oben in den Regierungsämtern beabsichtigt hätte. Das Volksgericht glaubte, dass der Generalstaatskommissar und seine Freunde nicht den Plan gehabt hätten, die verfassungsmässig vom Volk ausgehende Staatsgewalt an sich zu reissen. Es glaubte vielmehr, dass Hitler allein dieses Verbrechen vollendet hätte, das im Strafgesetzbuch als Hochverrat bezeichnet ist.

Trotzdem das Gericht sich bemühte, objektiv die Irrungen und Wirrungen des Angeklagten zu durchdringen und mit patriarchalischer Güte nach den mildernden Umständen für seine Tat zu suchen, sah es nur einen entgleisten Protzen der Selbstsucht, der sich an Phantasien klammerte und dann tief gekränkt und knabenhaft niedergeschlagen aufheulte, weil die klügeren und gerisseneren Protektoren ihn hinterher abschüttelten.

Diese schlauen Herren hatten mit dem Trommler des Putsches gespielt, sie hatten ihn an sich gezogen, sie hatten ihn hingezogen und ausgehorcht, sie hatten sein positivstes Talent, sein Trommlertalent, ausgenutzt, weil es ihnen eine Zeitlang Vorteil brachte.

Der Generalstaatskommissar hatte dem Trommler die kommissarische Nutzniessung des Tagesruhmes gegönnt. Dieser Ruhm strahlte merkwürdigerweise während einiger Monate auf den Kommissar zurück. Herr von Kahr wurde in seiner Vollmacht, die fast einer Diktatur gleich kam, durch Hitler befestigt. Darum liess er ihn aufkommen, solange er ihn brauchte. Darum liess er ihn fallen, sobald er lästig und gefährlich wurde.

Bayern war im finstersten Inflationsherbst des Jahres 1923 wohl etwas besser ernährt als das übrige rein industrielle Deutschland. Doch die Sassen auf den bayrischen Bauernhöfen, die Besitzer der bayrischen Viehställe, Käsereien und Schlächtereien, Weizen- und Kornkammern nahmen die Pflicht zur Verproviantierung der Masse nicht so wichtig, wie ihr eifersüchtig bewahrtes Privileg zur Auspowerung des städtischen Volks. So musste besonders das Münchener Volk auf andere Gedanken gebracht und von seiner Hauptsorge abgelenkt werden. Das besorgte ausgezeichnet Adolf Hitler der Trommler. Seine hohen Protektoren konnten sich täglich davon überzeugen. Deshalb liessen sie ihn sich gern gefallen.

Hitler versprach in den Riesenversammlungen das Wunder, auf das niemand mehr zu hoffen wagte. Solange er sprach, hoffte München, dass er den Sturz der Mark aufhalten und dem märchenhaften Kletterkurs des Dollars in die Billionensphären Stillstand gebieten werde. Er stabilisierte die Währung nicht, er überdröhnte nur die Not durch die donnernden Wirbel seiner Aufruhrtrommel. Er schaffte aber den Machthabern, die ganz ratlos geworden waren, Luft, und sie vertrauten sich auch seinem Rate an. Das heimgesuchte Volk wurde unaufhörlich von Hitler betrommelt. Er setzte ihm die seltsamsten Geheimnisse ins Ohr. Er verkündete ihm die Ankunft »von übermenschlichen« Medizinmännern, von »Fachministern«, die das neue deutsche Direktorium der Staatsretter bilden sollten. Im Rock des Soldaten und des Bankdirektors kamen diese Wundertäter nach München. Sie rührten ihre Zauberzungen. Die Mannschaft um Kahr liess durch Hitler vorbereiten, dass diese seltsamen Männer die Zauberstäbe besässen, um aus der dürren Not heilsame, balsamische Nahrung herauszuschlagen. Hitler hatte allen Grund, da er sich beschwerte, dass man ihm, dem treuen Schrittmacher, die Treue gebrochen habe.

Fast ein Jahr lang nährten sich die Münchener buchstäblich von dieser Phantasiespeise Hitlers, die zusammengequirlt war aus Entsetzen und Zukunftshoffnung und die ausgekocht und gesotten wurde am Strohfeuer der von ihm geschürten Revolutionswut.

Als das Feuer nur noch schwach flackerte, als der Luftinhalt des Topfes, der Angst- und Hoffnungsbrei, schon beinah verdunstet war, gelang es dem Trommler, die Leidenschaften noch einmal mächtig aufzupeitschen. Trotzdem täuschte er sich über die Wirkung seiner Persönlichkeit. Das Volke war zu müde geworden und wollte nur ein Abenteuer wagen, dessen Erfolg sich mit hundertprozentiger Sicherheit vorausberechnen liess. Hitler verzweifelte an dem Volk und schleppte den Klüngel hinter sich her, der unter der materiellen Not viel weniger litt und darum die Putschlust noch nicht eingebüsst hatte. Die hauptsächlich von Ludendorff umschmeichelte Kaste der Portepeefähnriche, der Schützen vom »Oberland«, der Schwinger der »Reichsflagge« und die unbekehrbaren Schwarmgeister vom »Wiking« gehorchten mit Begeisterung dem Ruf, den Hitler ertönen liess.

Sah man diese Truppe genauer an, so zählte sie gar nicht zum Volke. Sie bildete nur einen ziemlich geringen Heerhaufen, der mit Nürnberger Subventionsgeldern bei guter Laune und gesunder Sportkonstitution erhalten wurde. Im Höchstfalle waren es an die zwanzigtausend Mann, und die Verwegensten und die vom Schicksal Gehasstesten verbluteten noch auf dem Pflaster.

Wie musste Hitler enttäuscht sein, da er nur diesen kleinen Klüngel hinter sich herschleppen durfte! Das ganze Volk wollte er führen, und es versagte sich ihm. Und später erwachte auch sein kleines Kriegsvolk aus der Hypnose, mit der er es fasziniert hatte. Die jungen Leute, die ihm den Masseneid geleistet hatten, brachen ihn im einzelnen. Da der Putsch misslungen war, beeilten sie sich schleunigst, ihre Teilnahme an dem Abenteuer zu verdunkeln. Sie versuchten, wieder ins bürgerliche Leben zurückzufinden. Sie versuchten auch, von dem Staat, den sie beseitigen wollten, wieder Ämter und Pensionen zu ergattern.

Das bürgerliche Volk, die grosse Masse, war schon längst wieder wehmütig zur Vernunft und zum Reiche zurückgekehrt.

Der Trommler irrte sich. Die grosse Masse des Volkes, die er als kompakte Majorität hinter sich glaubte, war gar nicht so weibisch, wie er sie sich vorgestellt; sie war auch nicht so versessen auf seine »Brutalisierung«, wie er es sich zurechtgelegt hatte.

Bald wurden auch die unentwegtesten und nobelsten Bewunderer Hitlers skeptisch. Zu ihnen hatte auch Prinz Rupprecht von Bayern gehört, der in Hitler eine Zeitlang den Schrittmacher für eine neue Herrlichkeit der Wittelsbacher vermutete. Jetzt liess der Prinz, der nach der in Bayern noch immer geltenden Rangordnung als die höchstgestellte Persönlichkeit des Landes galt und in dem manche sogar den künftigen Herrscher eines wiedererstandenen deutschen Kaiserreiches sahen, Hitler seine tiefe Enttäuschung spüren. Der Novemberaufrührer von 1923 dachte gar nicht daran, Schildträger für alte Dynastien zu werden. Er wünschte nur Schildträger seiner eigenen Diktatorenmacht zu sein.

Er liess absichtlich, wenn er sich programmatisch äusserte, die Frage nach der höchsten Macht offen. Er hatte sich für die Zukunft einen eigentümlichen, seinen eigensten Traum zurechtgelegt. Sein Volk sollte die »Zinsknechtschaft« abschütteln. Zur »aktiven Wehrhaftigkeit« sollte es sich wieder emporraffen. Es sollte sein Recht befestigen, die nordisch-germanische Promethidennatur gegen alle Feindschaft beschränkter und habgieriger Nachbarn auszuleben. Und dann erst sollte die Frage der Wahl des Reichsoberhauptes zur Lösung reif werden.

Ein Prinz, herausgefischt aus abgedankten Dynastien?

Nein, Hitler duldete solches Aufhaschen und Auffrischen verschütteter und verschimmelter Überlieferungen nicht.

Er war stolz darauf, dass es ihm geglückt war, aus dem Proletariat nach oben vorzudringen. Jetzt, da er oben stand, hämmerte er seinen Verehrern ein, dass sie diesen immerhin märchenhaften Aufstieg bewundern und gutheissen sollten. Das Genie, der Führer, der Köpfeabschlager, der für den Notfall den eigenen Kopf hinhielt, das war sein Ideal.

Bis zum 8. November 1923 hatte er nur der Trommler für das dritte Reich sein wollen. Das hatte er vor dem Volksgerichte ausdrücklich gebeichtet. Später begnügte er sich nicht mehr mit diesem bescheidenen Amt. Er baute in seinen Träumen das Unterhaus und Oberhaus für die Regierungsbehörden des neuen Reichs und setzte als Beherrscher der beiden Körperschaften den diktatorisch selbständigen Kanzler ein. Wir erfuhren es schon. Wer sollte aber dieses Oberhaupt sein? Ein göttlich inspirierter Mann. Hitler gab es bald darauf in rührender Aufrichtigkeit zu und empfahl sich als diesen Verwirklicher des göttlichen Willens. Der Kanzler sollte nichts anderes sein als das Spiegelbild Hitlers, als der Inhaber jener Kraft, die er sich allein zutraute.

Hatte er sich vor seinem Putsch noch zurückgehalten, hatte er aus Bescheidenheit eben noch darauf verzichtet, mit weitausgestrecktem Finger auf sich selber zu weisen, hatte er aus Diplomatie eben noch sein Innerstes verborgen, so konnte er jetzt geradezu toben, wenn die Freunde an seiner gottgewollten Sendung zweifelten.

Das merkte Prinz Rupprecht. Die Sympathie des Fürsten erkaltete. Sie verwandelte sich in Abscheu. In den Augen des Prinzen war der Führer des Volks zu einem schäbigen Demagogen geworden.

Auch General Ludendorff fiel allmählich von Hitler ab. Ludendorff begriff die Welt überhaupt nicht mehr. Mit seinem kaustischen Zorn entlarvte er Papsttum und Semitentum. Ebenso feurig attackierte er jede Art freigeistiger Humanität. Als vereinigte und verewigte Mächte der Finsternis und der Hölle wollte er diese Feinde des deutschvölkischen Wesens ausrotten. Ausserdem verbiss der General sich in einen wütenden Hass gegen Hitler. Der Mann war ihm zu weich geworden. Einstmals würde Ludendorff sich einen Schurken gescholten haben, wenn er ihn aufgegeben hätte. Jetzt lag das Fehdeschwert zwischen ihm und seinem Schützling. Man scheute sich sogar nicht, mit seinen Streitigkeiten vor den Richter des so verachteten, bestehenden Staates zu gehen.

Der zu fünf Jahren Festung verurteilte Hitler war regsam und hoffnungsvoll in seiner Haft. Wenn er nicht turnte, dann dachte er nach. Er dankte dem Schicksal, das ihm jetzt Musse zum Sammeln seiner geistigen Ernte gewährte. Treue Freunde sorgten dafür, dass der Häftling die kleinen Annehmlichkeiten des Alltags nicht entbehrte.

So schrieb er, geschützt gegen den Lärm der Strasse und nicht gestört durch Führer- und Verschwörerpflichten, sein Lebensbuch »Mein Kampf«.

Als er schon zu Weihnachten die Festung verliess, hatte er alles aus seinem Inneren herausgeschöpft, was er als das kostbarste Erzeugnis seiner Natur erachtete. Aufgezeichnet waren die Kapitel über die innere Politik seines Zukunftsstaates. Er schloss den Kreis, indem er sein Deutschland in die Welt eingliederte.

So ist es Zeit, sich auch mit Hitlers Aussenpolitik eingehend zu beschäftigen. Er macht nicht viel Federlesens. Mit der gleichen Energie und Originalität, mit der er die innerpolitischen Fragen seines Zukunftsstaates löst, redet er auch von der Stellung, die das kommende Deutschland künftig einzunehmen hat.

Dabei ist er unerbittlich. Er will von der Unmenschlichkeit des genialen Arztes sein, der ohne Bedenken *ein* krankes Glied des Körpers abschneidet, damit der ganze Leib wieder gesund werde.

Hitlers Betrachtungen über die »abgetrennten Splitter« des deutschen Volkstums bringen in dieser Beziehung ausserordentliche Belehrung.

Was ist nach dem Kriege vom deutschen Volkstum abgesplittert? Natürlich vor allem das deutsche Südtirol.

Soll Hitler sich darum grämen? Nein, solche Herzensbeschwerde weist er weit von sich ab.

Der Teil des deutschen Landes, der heute souverän ist, verdient Hitlers hauptsächlichste Obhut. Dieses selbständige Deutschland muss von seiner marxistischen und jüdischen Krankheit kuriert werden, damit es physisch und moralisch wieder gesunde und eines Tages stark genug ist, um zurückzuerobern, was es verlor.

Es ist eine spartanische Kur, die Hitler seinem Volke zumutet. Für alle diplomatischen Verhandlungen, für jedes Eingehen auf sentimentale Kulturbetrachtungen gibt er nicht einen Pfifferling. Die Sorgen der Deutschen, die ihm hier schlechtes Deutschtum vorwerfen, wehrt er mit dem schönen und blumigen Stile ab, durch den seine politische Weisheitssprache sich stets auszeichnete.

Er sagt: »Dieses Schwert ist zu schmieden« – das ist die Aufgabe. Er stellt also nichts anderes aus als einen Wechsel für die Ewigkeit. Mit Bewusstsein zertrümmert er den Kompass der Diplomatie, nach dem Deutschland heute gesteuert wird. Er verspricht, dass er stark genug sein wird, das Steuer einstmals nach seiner Willkür herumzuwerfen. Diesen Seemannsausdruck liebt er besonders. Er vergisst aber auch, Jahr, Tag und Stunde anzugeben, da sein Versprechen Wirklichkeit sein wird. Seine ganze Auslandspolitik ist eben für die Ewigkeit bestimmt. Bagatellen dürfen ihn da nicht bekümmern.

Eines bekümmert ihn nur, da er zurückblickt. Er wirft dem kaiserlichen Deutschland vor, es wäre viel zu enthaltsam in der Aufrüstung seiner Militärmacht gewesen. Deutschland wäre viel zu schüchtern zurückgewichen, wenn es darauf ankam, die Welt zu erobern. Deutschland habe, solange Wilhelm der Zweite regierte, ja niemals an eine Ausdehnung seines europäischen Grundes und Bodens gedacht. Das kaiserliche Deutschland hätte sich ruhig darein gefügt, in seinen Grenzen zu ersticken.

Wiederum trägt er sein deutsches Bodenprogramm vor. Das dritte Reich braucht nicht nur den engen Bezirk des Landes, der die gerade vorhandene Bevölkerung ernährt. Unermüdlich muss Deutschland Kinder zeugen und diese Nachkommenschaft über seine Grenzen vorschieben. Der deutsche Nährboden muss unaufhörlich erweitert werden. Er kann nur wachsen, wenn der Landbesitz der Nachbarn zusammenschrumpft. Freiwillig werden die Deutschland umgebenden Staaten ihre Erde nicht hergeben. Also ist notwendig: der deutsche Krieg.

Wie wäre das kaiserliche Deutschland gross und mächtig geworden, wenn es diese höchste Pflicht rechtzeitig erkannt und erfüllt hätte! Das Deutschland vor dem Kriege hätte es ruhig wagen dürfen, noch auf ein halbes Jahrhundert alle Entwicklung seiner kulturellen Bestrebungen hintanzustellen. Nur den Militarismus hätte es pflegen müssen, um den höchsten Grad seiner kriegerischen Vollkommenheit zu erreichen. Was aber geschah? Das kaiserliche Deutschland verfiel in jene Verweichlichung, die als Kultur ausgegeben wird. Es verarmte, weil es nicht allen europäischen Armeen überlegene Heere nach allen vier Windrichtungen hinausschickte und den grossen, nahrungspendenden Ländergürtel um das Kernland bannte.

Mit solchen kühnen und auch von Schwermut durchtränkten Gedanken leitet Adolf Hitler seine Betrachtungen über Deutschlands Aussenpolitik ein. Die Chance, die die Kaiserzeit bot, ist verloren. Heute ist Deutschland nicht mehr fähig, die wahre und gebieterische, seiner allein würdige Aussenpolitik zu treiben. Also heisst es vorsichtig und klug sein und den Diplomaten spielen. Doch das Diplomatenspiel ist nur ein Provisorium. Es darf nur die wirklichen aussenpolitischen Absichten des deutschen Volkes eine Weile maskieren. Deutsche Diplomaten darf es nur so lange geben, bis genügend deutsche Kriegsheere, Kriegsherren und Kriegsmaschinen vorhanden sind, um der ganzen Welt die grosse deutsche Fehde anzusagen.

Was ist Arbeitsthema der Diplomaten, also der provisorischen Verwalter des deutschen Schicksals? Hauptsächlich die Bündnispolitik. Hitler untersucht, mit wem Deutschland sich in diesem Moment verbünden kann und soll.

Da ist England. Damit England ungestört lebe und seinen ungeheuren überseeischen Besitz in den Krallen behält, muss es Wert auf ein Gleichgewicht der Nationen legen. Vornehmstes Interesse des Königreichs Grossbritannien ist es, Frankreich daran zu hindern, alle Vormacht auf dem alten Kontinent an sich zu bringen.

Italien muss die gleiche Aussenpolitik respektieren. Nicht aber, damit es seine Arme allmächtig um die ozeanumspülten Weltteile schlingt, sondern nur, um den französischen Nachbarn nicht andauernd als den alleinigen Träger der europäischen Hegemonie beneiden zu müssen.

Und dieser natürliche Gegner Italiens und Englands ist auch der Gegner Deutschlands. Hitler sieht allen Fluch, der uns bedroht, aus Frankreich kommen. Er schreit: »Dieses an sich immer mehr der Vernegerung anheimfallende Volk bedeutet in seiner Bindung an die Ziele der jüdischen Weltbeherrschung eine lauernde (soll es heissen: dauernde?) Gefahr für den Bestand der weissen Rasse Europas.«

Frankreich ist also, wie er es prüft, vernegert durch die Gastfreundschaft, die es den Bewohnern der mit ihm verbundenen Kolonien gewährt. Es ist überjudet, weil es sich ganz und gar in die Klauen des jüdischen Kapitalismus einkrallen liess. Alle Aussenpolitik Hitlers ist von diesem Rassenhass bestimmt. Er fragt nicht mehr, ob nicht England unter dem gleichen Kapitalistenjoch zu seufzen hat, dessen Beseitigung er sich doch zur Lebensaufgabe gemacht. Die französische Gefahr dünkt ihn eben schlimmer als die englische, und daher will er auch beharrlich vor der englischen Verjudung die Augen verschliessen. Es stört ihn nicht in seiner Kombination die Erinnerung an alles das, was Italien deutschen Stammesgenossen antat. Als Gipfel der Diplomatie erachtet er eben die Fähigkeit, im rechten Momente die Augen zu schliessen. Bereit ist er, jedes nationale Opfer zu bringen und auch seinen Hass gegen das kapitalistische Judentum auszuschalten, wenn England und Italien sich entschliessen wollen, mit Deutschland ein Bündnis einzugehen.

Ungeklärt ist noch die Frage, ob denn diese beiden Länder mit einem so geschlagenen und erniedrigten Deutschland paktieren wollen. Wenn sie es nicht wollen, dann muss Deutschland eben demütig und mit allen ihm zur Verfügung stehenden Überredungsmitteln das Bündnis erzwingen, wenn nicht gar erschleichen. Einen Augenblick salviert Hitler noch sein Gewissen. Er rät der britischen Weltmacht, er rät auch den Vereinigten Staaten von Amerika, ihre Hörigkeit dem internationalen jüdischen Finanzkapital gegenüber abzuschütteln. Er warnt die beiden grossen Nationen, sich durch die jüdische Finanzinternationale in Feindschaft gegen die noch wenigen ganz rassereinen Herrenvölker der Erde, etwa gegen die Japaner, hineintreiben zu lassen. Doch wenn es nicht anders geht, dann will er auch mit der Verjudung Englands vorlieb nehmen, genau so wie er die italienische Gewaltpolitik gegen das deutsche Südtirol aus seinem Gedächtnis ausschalten will. Wichtig ist allein, dass England und Italien sich die Schmeichelei des Hitlerschen Reiches gefallen lassen.

Hitler fährt fort: »Wir stoppen den ewigen Germanenzug nach dem Süden und Westen Europas und wenden den Blick nach dem Land im Osten.« Nachdem er das getan hat, setzt er hinzu: »Das Riesenreich im Osten ist reif zum Zusammenbruch.«

Auf der Jagd nach Bundesgenossen ist er, doch sofort macht er einen Einwand: »Ein Bündnis, dessen Ziel nicht die Absicht zu einem Kriege umfasst, ist sinnlos und wertlos.«

Wir sollen begreifen, warum er sich scheinbar bis zur Würdelosigkeit vor England und Italien erniedrigt. Selbstverständlich nicht nur, um mit diesen Nationen Geschäfte zu machen, nicht, um jenes Deutschland, das von allen fremdrassigen Elementen zu säubern ist, wieder in die jüdische Welthölle zurückzustossen. Nein, seine Beweggründe sollen den alleredelsten Wünschen entspringen.

Er braucht das halbverjudete England, er braucht das gegen die deutsche Minorität so gewalttätige Italien, in dem er übrigens auch eine katastrophale Judenüberschwemmung feststellt, einzig, um Deutschland zu befreien. Hitler will schlau sein wie der deutsche Fuchs. Sein heiligster politischer Leitspruch beginnt mit der pompösen Wendung: »Da der liebe Gott feige Völker prinzipiell nicht frei macht ...« Mit diesem Motto im rechnenden Kopf erörtert er die Notwendigkeit seines Bündnisses mit England und Italien und die absolute Unmöglichkeit, dass Deutschland sich mit Russland verbünde. Das Weltjudentum konnte Italien und England nur teilweise ruinieren, es hat Russland aber vollständig zugrunde gerichtet. Wir wissen schon, wie Hitlers Gedanken eine ganz in sich geschlossene Kette bilden. Das Judentum konzentriert in seinen Händen alles Geld der Welt, damit es die von ihm beherrschten Völker versklavt. Das Judentum zerstückelt aber auch unter Umständen diese goldene Internationale, damit eine Zeitlang die rote Internationale ihr Regiment behauptet. So zermahlt das Judentum die Nationen der Erde zwischen den Mühlsteinen des Kapitalismus und des Marxismus. Der Effekt ist immer der gleiche. Das Herrenvolk wird Sklave des Volkes, das selber der Sklave sein sollte. Rettungslos der jüdischen Sklaverei ausgeliefert ist das heutige Russland. Ihre Rassenübermacht haben noch England und Italien bewahrt. Also mit England und Italien los von Russland, nein, gegen Russland.

Man erinnert sich, dass Hitler für sein deutsches Volk nicht nur die zur Ernährung ausreichende Anbaufläche fordert. Es muss das Land aus rein militärischen Gründen rings um sich die Ausdehnungsfläche haben, die im Krieg Aufmarschgelände, die im Frieden Siedelungsgelände ist. Dort werden sich die Bürger des deutschen Volkes, natürlich nur diejenigen von der ungemischten Germanenrasse, emsig dem Kinderzeugen widmen. Das bisher in seine engen Grenzen eingepferchte Volk wird sich strecken und dehnen, körperlich, moralisch und kulturell. Kann es sich nach Westen dehnen? Da haust das vernegerte Franzosenvolk, eine »Mulattennation«, wie Hitlers Rassenstudium erweist. Also gebietet sich vielleicht zur Verhinderung von Rassenverderbnis die Ausdehnung nach Osten? Vieles spricht dafür, hat doch Preussen-Brandenburg in Jahrhunderten sein Germanentum weit in slavisches Gebiet vorgetrieben und damit einen Teil jener europäischen Siedlungspolitik verwirklicht, die allein dem deutschen Volke zusteht und die sich auch nach allen Erfahrungen als erfolgreicher und dauerhafter erwies als die zweifelhaften Kolonisierungsexperimente jenseits der Ozeane.

Gewitzigt durch solche Erfahrungen, könnte man auf den Gedanken kommen, mit dem russischen Nachbarn ein Bündnis zu schliessen und dann auf friedlichem Diplomatenwege den Ausdehnungsboden zu gewinnen. Hitler prüft die Bündnisfähigkeit des heutigen Russlands für Deutschland. Er tut es sehr methodisch und misst sie an jener, die vor dem Weltkriege bestand. Damals war Russland in seiner geistigen und politischen Oberschicht germanisch. Ihm stehen vor den Augen alle Politiker deutschen Ursprungs, die Russlands Regierung in Händen hielten. Doch heute? Er sieht in der Sowjetrepublik nur ein marxistisches Judenreich. Also wird es sich nicht lohnen, von solchem faulen Staat irgendwelche Hilfe zu erwarten. Immer wieder kreisen Hitlers Gedanken darum, dass Deutschland in der nächsten Zeit einen Kriegsgenossen braucht. Deswegen schlägt er die krummen Wege ein. Wir müssen ihm, wenn es auch mühselig ist, durch dieses Gestrüpp folgen. So schliesst er denn: Es wäre ein Unsinn, Deutschlands ewigen Erbfeind, das stärkste Militärvolk des Kontinents, das vernegerte Frankreich, mit Hilfe des Sowjetstaates bekriegen zu wollen, der nicht ein Auto in eigener Fabrik herzustellen imstande ist. Wie man es auch drehen und wenden mag, England und Italien bleiben als die einzigen brauchbaren Bundesgenossen übrig.

Deutschland lächle in Bewunderung vor dem britischen Imperium, mag es auch im geheimen mit den

Zähnen knirschen. Deutschland gebe vorläufig zu verstehen, dass es auf jede Kolonialpolitik verzichten wolle. Dann wird England jede materielle Unterstützung für den Krieg gegen Frankreich gewähren. England wird leibliche Nahrung und Kriegsmaschinen liefern und nicht mehr die Meere für die Zufuhr nach Deutschland blockieren. Und Italien wird in dieser Verbindung ein mächtiges und ermunterndes Element sein. Italien wird sich bereit halten, in die französische Flanke zu fallen, wenn es die vernegerte Republik wagen sollte, sich der deutsch-englischen Annäherung und der deutsch-russischen Aufrechnung entgegenzustemmen. Letzte Lösung der grossdeutschen Frage: Alles Ausdehnungsgebiet, das Deutschland braucht, wird es sich aus dem Osten holen.

Plötzlich wird der Aussenpolitiker Hitler, da sein Herz von so überschwenglichen Hoffnungen voll ist, übersichtig. Er sieht nicht mehr jenes Soldatenvolk der Polen, das dem nach Osten ausschlagenden Germanenvolk vorgelagert ist. Er sieht nur sein deutsches Volk, wie es sich in siedelnder Emsigkeit auf russischem Boden regt und vermehrt.

Ihren Segen geben aber zu alledem England und Italien.

REBELLION DER JAKOBINER

Unbestritten regierte Adolf Hitler in der N.S.D.A.P. Die Partei war Hitler, und Hitler war die Partei. Alles, was manifestartig an die Öffentlichkeit gehen durfte, trug sein Signum.

Wo die Eingeweihten selber redeten, beriefen sie sich stets auf den Führer. Sogar der Eid war ihnen abgenommen worden, diese Pflicht niemals zu vernachlässigen.

Bereitwillig lieferten sie ihre Gedanken der Kontrolle des Führers aus. Sie gestatteten sich nicht einmal eine stilistische Änderung oder Verbesserung der Hitlerschen Aussprüche. Sein Wort galt als inspiriert von höheren Schicksalsmächten. Höchstens, dass die Apostel sich bemühten, den prophetischen Übersinn der Hitlerschen Manifeste für den kleinen Mann von ungelenkem Verstande zu verdolmetschen.

Da verlangten einige Nationalsozialisten die Freiheit, bei Zweifeln über jeweilige Einsichten und Absichten des Führers ihr eigenes Gewissen befragen zu dürfen. Doch Hitler geriet durch diese Bitte in leidenschaftlichen Unwillen. Strengstens lehnte er die Forderung ab. Er verwarf den Wunsch nach erweiterter oder vertiefter Auslegung seiner Ideen als »krasse Demokratie«.

Umsonst, dass die wenigen Opponenten, die natürlich in dem »Sumpf und Babel« Berlin wohnten, vorläufig gegen den Stachel löckten. Der Führer nahm den Ton des Marschalls vor der Schlacht an: »Ihr seid meine Offiziere, Ihr habt mir den strikten Gehorsam des Frontsoldaten zu leisten.«

Seine Offiziere waren ja nicht zufällig avancierte Chargen. Sie waren selbst davon überzeugt, ein Stück vom Herzen und Gehirn des Führers empfangen zu haben.

Wir wissen auch schon, dass Hitler den Ritterschlag nur an die Gesiebten und von ihm Gesalbten zu geben dachte.

Die Mitläufer gehörten nur zur Partei, wie etwa die Haifische zum Ozean. Doch Mitglied wurde nur, wer bis auf das Mark der Knochen geprüft worden war. Und aus diesen Elitemännern rekrutierte sich Hitlers geistige und propagandistische Leibgarde.

Jetzt drohte eine Palastrevolution. Sie wurde kommandiert von Dr. Otto Strasser.

Die Brüder Strasser, Gregor und Otto, standen dem Führer besonders nahe. Am nächsten stand ihm aber Otto.

Ihn hatte Hitler zum stellvertretenden Haupttrommler ausersehen, also zum Rangältesten in der Hitlerdynastie. Wenn der Chef sich ausruhen wollte, dann sollte Otto Strasser für ihn befehlen und schlichten. Otto sollte von Berlin nach München übersiedeln. Alles war von Hitler schon angesetzt, da rebellierte Otto Strasser.

Respektlos und mit beleidigender Unbotmässigkeit tat er es. Daher eilte Hitler sofort nach Berlin, um die verlorene Seele zu retten.

Doch Otto Strasser dachte gar nicht daran, sich ohne weiteres gefangen zu geben. Sofort brachte er seine Beschwerde vor: die ganze Umgebung Hitlers setze sich nur aus Strebern zusammen, aus »Kreaturen«, die wegen des lieben Brotes oder auch nur wegen eines Parlamentmandates das ihnen vom Parteidiktator auferlegte Sklavenjoch schleppten.

Hitler entrüstet: »Ich verbitte mir eine derartige Beleidigung meiner Mitarbeiter!«

Im Berliner Hotel Sanssouci explodierte diese erste Gegnerschaft zwischen Führer und dem Mann, den er bisher als einen seiner Besten und Treusten geschätzt hatte.

Sollte das Band sofort zerschnitten werden? Nein, noch zögerten die beiden Debattierer. Schaffen wollten sie nur die absolute Klarheit. Deshalb Strassers Schroffheit, deshalb Hitlers Fäusteballen, das an Deutlichkeit nichts zu wünschen übrig liess.

Hitler hatte hier und da kundgegeben, dass seine Partei nicht nur eine revolutionäre Sekte wäre. Nach seiner Auslegung hatte er sie sogar eine legale getauft. Und wir wissen schon, welchen sachlichen Sinn er mit dieser Vokabel verknüpfte. Strasser tadelte dieses etymologische Spiel als eine reine Spiegelfechterei und Maskerade: »Sie wollen, Herr Hitler, den Sozialismus unserer Partei abdrosseln. Mit zuviel bürgerlichen Politikern haben Sie sich angebiedert oder gar verbündet. Sie schädigen durch diese verwaschene Taktik die Sache der Partei. Was noch schlimmer ist, Sie benachteiligen die Arbeiter, die Ihnen bisher unbegrenztes Vertrauen entgegenbrachten.«

So ungefähr sprach der widerspenstige Jünger zu dem Meister.

Und Hitler, aufgeschreckt, aber auch gerührt und bereit, seine ganze aus dem Proletariat nach oben geschwemmte Persönlichkeit vor dem agressiven Gegner zu erklären und verklären: »Ich habe als einfacher Arbeiter angefangen. Ich kann heute noch nicht sehen, wenn mein Chauffeur ein anderes Essen hat als ich. Aber was Sie unter Sozialismus verstehen, das ist einfach krasser Marxismus. Sehen Sie, die grosse Masse der Arbeiter will nichts anderes als Brot und Spiele. Sie hat kein Verständnis für irgendwelche Ideale, und wir werden nie damit rechnen können, die Arbeiter in erheblichem Masse zu gewinnen. Wir wollen eine Auswahl der neuen Herrenschicht, die nicht, wie Sie, von irgendeiner Mitleidsmoral getrieben wird, sondern die sich darüber klar ist, dass sie auf Grund ihrer besseren Rasse das Recht hat zu herrschen, und die diese Herrschaft über die breite Masse rücksichtslos aufrecht hält und sichert.«

Bestürzt war Otto Strasser. Hatte der Führer noch immer nicht erkannt, dass die These von der deutschen Rasse eine pure Fabel und eine durch nichts begründete Phantasie sei? Strasser warf ein, vier bis fünf Rassen hätten ja das deutsche Volk aufgebaut. Es war ja scheckig und keineswegs rassenrein. Es war ja rassig entartet, und es war wohl trotzdem etwas wert. Und nun rühmte sich Hitler noch, dass er innerhalb dieser verwickelten und vermanschten Rasse durch seine Führergeburt eine ganz besondere Rasse für sich repräsentierte.

Otto Strasser fand sich nicht mehr zurecht, aber auch Hitler war nicht zu belehren und zu bekehren.

Er entschied einfach: »Es gibt keine wirtschaftliche, keine politische, keine gesellschaftliche Revolution, sondern es gibt immer nur den Kampf der niederrassischen Unterschicht gegen die herrschende höhere Rasse.«

Auf diesem Gebiete war die Verständigung unmöglich. Also tippte Strasser, der sich so gern verständigt hätte, auf eine andere Taste.

Noch immer nannte sich Hitler einen Sozialisten, wenn auch einen Antimarxisten. Er hatte nichtsdestoweniger durch seinen programmatischen Offiziosus Gottfried Feder festlegen lassen, dass die »Heiligkeit des Privateigentums« in seinem Reiche nicht angetastet werden dürfe. Hinzugefügt hatte er, dass auch keine Erwägungen praktischer Art oder Rücksicht auf vorübergehende Zeitläufte ihn von dieser Haltung abbringen könnten.

Strasser stocherte in diese Ideenstarrheit hinein. Sie dünkte ihn unsozialistisch. Er rechnete vor, dass achtzig von hundert Deutschen ohne Eigentum wären und demnach ganz abhängig von den bleibenden zwanzig Prozent der Eigentümer und Ausbeuter jeder Gattung.

Seine Frage an den Chef lautete: Wäre es nicht ungerecht, ja geradezu unmenschlich, diesen Zustand dauern zu lassen? Wäre es nicht vernünftig und im Einklang mit dem besten sozialen Gewissen, zur Beseitigung dieser moralischen und volkswirtschaftlichen Schande zu überlegen, in welcher Form das gesamte deutsche Volksvermögen und dessen Arbeitsertrag als »Kollektiveigentum« dem gesamten Volke nutzbar zu machen wäre?

Strasser hatte sich schon seinen Verteilungsplan ausgedacht. Neunundvierzig Prozent des Besitz- und Gewinnanteils vom deutschen Vermögen und Gesamteigentum sollten dem bisher berechtigten Privateigentümer und Privatunternehmer bleiben. Einundvierzig Prozent müsste aber unbedingt der Staat als Sachwalter für die ganze Nation einkassieren. Die noch restlichen zehn Prozent wollte Strasser dann stets der jeweiligen Arbeiterschaft eines Betriebes als Extraprämie zuwenden. Zur Frage der Leitung aller nationalen Wirtschaftsbetriebe schlug Strasser noch vor, dass in seinem Zukunftsstaat Arbeiterschaft, Staat und frühere Besitzer gemeinsam die Verwaltungs- und Aufsichtspflichten für die vorhandenen Betriebe zu erledigen hätten.

Strasser pochte auf sein soziales Gewissen. Nur, um sein Herz frei von Selbstsucht zu erhalten, bestehe er auf dieser Lösung.

Auch hier wehrte Hitler brüsk ab: Privateigentum wird um keinen Preis abgeschafft. »Das ist geradezu Bolschewismus.« Und beschwörend setzte er hinzu: »Damit machen Sie auch den ganzen Fortschritt der Menschheit hinfällig, der immer nur vom grossen Einzelnen, vom grossen Erfinder ausgeht.«

Da Hitler nicht aus seiner Haut herauskonnte, erschien er seinem Gegner borniert, ja sogar lächerlich. Noch drückte Strasser diese Beobachtung vorsichtig aus, und es tat ihm sehr weh, den Führer im Irrgarten seiner Selbstsucht vollkommen verloren zu sehen. Doch in der Sache hielt er nicht hinter dem Berge.

Wie denn? Der Einzelmensch »Macher« oder gar Erfinder historischer Epochen und ökonomischer Grundideen? Nein, niemals. Für Strasser galt der Einzelmensch nur als »der Beauftragte des Schicksals«.

Das klang auch noch geheimnisvoll genug, aber es sollte wohl heissen, dass die Nation Schicksal spielt, dass die souveräne Nation nach freier Wahl ihre Regierenden einsetzen will, dass die souveräne Nation sich dafür bedankt, von einem diktatorisch hochgespannten Vergewaltiger an die Kandare genommen zu werden.

Hitlers einzige Antwort hierauf: »*Ich* bin der Schöpfer des Nationalsozialismus!«

Strasser: Nein, nein, Hitler habe nur die Idee, die »im Zuge« war, aufgegriffen. Er habe sie mit besonderer Geschicklichkeit für sich beschlagnahmt. Das soll ihm nicht bestritten werden. Doch er wäre sozusagen nur der Finder der Idee, nicht ihr Erfinder, er wäre nichts anderes als der Gewinner eines guten, eines grossen Loses. Geändert werde durch diese Tatsache nichts daran, dass die Idee und darum auch der Führer allein dem Volke gehöre, dem Volke, dem Volke ein für allemal, und nicht das Volk dem Führer.

Hier wurde Hitlers Geduld auf die schwierigste Probe gestellt. Von allem, wessen das Herz voll war, lief sein Mund über. Überflüssig war es für ihn geworden, sich noch diplomatisch hinter einer höflichen Phrase zu verkriechen oder gar salbungsvoll die Souveränität des Volkes zu lobpreisen. Seine ganze Seele schöpfte er aus und gab unumwunden zu, dass er ein gründlicher Volksverächter wäre. Sein letztes Geheimnis gab er preis. Er schrie, und im Abscheu krümmte er sich: »Mit welchem Recht verlangen diese Leute Anteil am Besitz oder gar an der Leitung?«

Diese Leute – wie es in ihm kochte gegen das Volk! Wie er überzeugt war, dass das Volk gar nichts und er nur alles sei, das Volk Gegenstand und Opfer seiner Trommelwut!

Er, der Selfmademan, einstmals der Intimus des Prinzen Rupprecht und des Generals Ludendorff, der Putscheintrommler für den Generalstaatskommissar Bayerns, wenn auch im entscheidenden Moment als lästig abgeschüttelt, er war viel zu fest in seine Natur, in seine Gewohnheit der Selbstanbetung hineingewachsen, um auch nur einen Teil des braven, oberflächlichen, von Otto Strasser vorgetragenen Gefühlssozialismus zu begreifen.

Hitler schlug die Hände über dem Kopf zusammen. Was, Unternehmer und Eigentümer sollten derart gegeneinander gehetzt werden, dass unter Umständen dem Unternehmer das Heft entglitt?

Verdienten die Unternehmer das? Er warnte: »Sie haben sich auf Grund ihrer Tüchtigkeit an die Spitze gearbeitet, und auf Grund dieser Auslese, die wiederum nur die höhere Rasse beweist, haben sie ein Recht zu führen.«

Was war geschehen? Eine Sache, die nicht mehr überraschen kann. Hitler verteidigt die Unternehmer, um sich selber zu verteidigen.

Zertreten und zerschmettern will er diesen despektierlichen Mann, der nicht glauben will, dass vor ihm ein Zufallsmensch, ein vergängliches Wesen, ein gewöhnlicher Sterblicher stände. Er beteuert: »Glauben Sie mir, der ganze Nationalsozialismus wäre nichts wert, wenn er sich nur auf Deutschland beschränkt und nicht mindestens ein- bis zweitausend Jahre lang die Herrschaft der hochwertigen Rasse über die ganze Welt besiegelt.«

Was ist nun wieder das für ein Rätsel? Hitler getraut sich, alle sozialen Gegensätze auszugleichen. Geschieht es nicht heut, so geschieht es in tausend Jahren. Geschieht es nicht in tausend Jahren, dann geschieht es eben in zweitausend. Ihm allein ist es gegeben, die Jahrtausendspannen zu überblicken und seine Welt für die Ewigkeit zu organisieren.

Wer das nicht glauben will, den wirft er aus dem Sozialismus seines tausendjährigen Reiches hinaus, den verfehmt er, den nennt er einen Jakobiner. Ja, jetzt hat Hitler die Formel gefunden, durch die er alle Einwände gegen seinen Weltenplan beseitigt. Er beschimpft den widerspenstigen Strasser als einen Jakobiner. Er droht an, dass er die Jakobiner, die nichts anderes als Bolschewisten und Marxisten sind, aus seinem Reich verbannen wird.

Als die Jakobiner der N.S.D.A.P. unter Leitung Otto Strassers in die Mitgliederversammlung eindrangen, wurden sie auf Hitlers Geheiss von seinem Sturmkommando gepackt und hinausbefördert. Bald darauf wurden sie ganz aus der Partei ausgeschlossen. Vollendet war Hitlers »Reinigung der Partei von allen nicht blind gehorchenden Elementen«.

Es folgte noch ein Nachspiel, das des satyrischen Charakters nicht entbehrte. Strasser kündigte an: die »Sozialisten« verlassen die Nationalsozialistische Deutsche Arbeiterpartei. Sie lehnen ab den Hitlerschen Interventionskrieg gegen Russland. Sie nehmen an allein die These, dass der Nationalsozialismus eine »republikanische Bewegung« ist. Sie fordern die »Brechung des Besitzmonopols«. Sie lehnen ab jede »wie immer geartete Kompromiss- und

Koalitionspolitik«. (Härtester Fusstritt gegen Hitler.) Sie lehnen ab die »Verbonzung der Partei«.

Hitlers Jakobiner, die »revolutionären Nationalsozialisten« schütteln den Führer Hitler ab. Sie nennen seinen Adjudanten, Dr. Joseph Goebbels, einen »eitlen Komödianten«. Noch reichhaltiger und blumiger ist ihr Schimpflexikon, sobald sie auf Gottfried Feder, den offiziellen Exegeten des Parteiprogramms, und die kleineren Götter zu sprechen kommen.

Trotzdem geschieht etwas Unerwartetes: In dem Augenblick, da hundertsieben nationalsozialistische Reichstagsabgeordnete in das Parlament einziehen, plagiieren sie auf Anraten Hitlers das Enteignungsprogramm des abtrünnigen Otto Strasser. In ihrem Programm, das unberührt das »heilige Privateigentum« lassen wollte, hatten sie nicht die Expropriationsenergie aufgebracht, die Otto Strasser in seiner schwersten Stunde von dem Meister forderte. Waren Hitlers Getreue ihrem grossen Prinzip untreu geworden? Oder wollten sie nur ins Leere hinein manifestieren?

Es ist schmerzlich, dass nicht einmal die heilige Schrift Hitlers gegen Zweideutigkeiten gesichert ist.

TRAUMLALLER UND JOHANNESNATUR

Wird Hitler, von Otto Strasser als Bonze der Bonzen geschmäht und zurückgestossen in das internationale Land der Rassefetischisten, der heimatlosen Selbstanbeter, der Feinde des Proletariats, der verkappten Kapitalistensöldlinge und der krankhaften Volkstyrannen, trotzdem sein Prestige behaupten?

Noch lebt Georg Schott, Hitlers glühendster Prophet, der Verfasser des »Volksbuchs vom Hitler«.

Schott versucht das Symbolische der Hitlerschen Erscheinung zu zeigen. Kein Mann der letzten Menschenalter, weder Napoleon noch Bismarck, kein Kaiser und kein König, kein Staatenlenker und kein Denker, kein Religionsstifter und kein Dichterfürst, kein Menschenheros und kein Halbgott haben jemals einen Evangelisten gefunden, der an Schwung und Schwärmerei mit Georg Schott zu vergleichen wäre. Denn Schott steigt zu den geheimsten Bornen des Mystizismus hinunter, um seinen Hitler auszudeuten. Es ist nicht ganz leicht, ihm zu folgen, doch wir müssen die Mühe auf uns nehmen. Denn so, wie Schott Hitler darstellt, ist er in die Phantasie unzähliger Bewunderer eingegangen. Was noch wichtiger ist, Hitler hat das Buch genehmigt und dem Verfasser seine höchsten Weihen gespendet. Er wünscht also, dass wir ihn mit den Augen Georg Schotts betrachten.

Schott erkennt, dass Hitler im Grunde gar kein sterblicher Mensch ist. Er ist ein »Traumlaller«.

Merkwürdiges Wort, das ganz orphisch klingt. Schotts dichterische Kühnheit bildet das Wort nur, weil es ihm aus himmlischen Sphären eingegeben wurde. Traumlaller Hitler – alles was seit Jahrhunderten in der Seele des Volkes rang und sang, es sammelte sich in Hitler an. Altertümlichste Germanensehnsucht, Volksschmerz und Volksjubel, es fand Eingang in Hitlers Gemüt. Dann wurde ihm beschieden, dass sich durch seine irdische Hülle die ganze germanische Urnatur verkörperte. Und er hat die »Eingeistung« des deutschen Volkstums aller Stände und Berufe vollzogen. Also geistert Georg Schott um seinen Adolf Hitler. Den Blütenstaub von diesen mystischen Worten zu entfernen und eine irdische Vorstellung von der überirdischen Hitlerfrömmigkeit Georg Schotts zu gewinnen wollen, wäre ein unbilliges Verlangen. Mystik lässt sich nicht real fassen, und so auch nicht das Hitlergebet, das Georg Schott für die Frommen dichtete. Es endet mit der Versicherung, dass Hitler ein »Seher« sei.

Der Hitlerevangelist legt sich die Frage vor, »ob in Adolf Hitler der Genius uns heimgesucht hat«.

Tumultuarisch wirbelt seine Überlegung. Da er die Antwort selber nicht findet, geht er zum Meister und fragt. Und Hitler erwidert bescheiden: »Wir sind ja alle ganz kleine Johannesnaturen. Ich warte auf den Christus.«

Eben noch der Trommler, wurde Hitler zum Traumlaller, eben noch ganz mit irdischen Dingen beschäftigt, vertraut er seinem ergebensten Jünger an, dass auf ihm die »Gnade« ruhe. Erschüttert und erschütternd fügt er hinzu: »Ich denke an die Leidensgeschichte des Herrn.«

So geht es weiter im biblischen Gleichnis. Bald sind es die Bilder des Evangeliums, die Georg Schott nachstammelt, um seinem Heiligen gerecht zu werden, bald bedient er sich der germanischen Heldensprache, um nämliche Gerechtigkeit zu üben. Hitler ist für ihn der »Herzog«. Der Barde erklärt: das ist der Mann, der vor seinem Volke »herzieht in der Stunde der Entscheidung«.

Trotz seiner bedingungslosen Frömmigkeit wollte Georg Schott auch profanere Dinge von seinem Meister erfahren, etwa welches die Staatsform des dritten Reiches sein werde. Der Herzogsmantel, mit dem er die volkesfürstlichen Schultern seines Führers bedeckte, schien ihm nur ein symbolischer Purpur. Wird die Tracht des Traumlallers eines Tages an ihm sichtbar werden wie ein ganz irdischer Glanz? Schott tröstet sich: »Die Staatsform ergibt sich von selbst ... Grundbedingung ist allein, dass sie der lebendige Ausdruck der Seele des deutschen Volkes ist und dass an der Spitze des Gemeinwesens ein wirklicher ›Landesvater‹ steht, er heisse alsdann, wie er wolle: Kaiser, König oder Präsident.« Und dazu die schwingende, die in Prophetie schwelgende Hymne: »Wie eine zarte, verheissungsvolle Ahnung schwebt ... das Bild des Mannes vor der Seele, der die Erfüllung dieser Forderungen in Geist und Wahrheit ist.« Ja, man muss zurückkehren in die Zeiten mittelalterlicher Weissagung, um zu verstehen, mit welchen Empfindungen Georg Schott seinem Hitler begegnet.

Kein Zweifel, so verkündigt Schott, der Rhapsode, Hitler wird der »Vollzieher des Gerichts« sein, das Deutschland an seinen Feinden zu vollziehen hat. Zunächst an Frankreich. Doch man täusche sich nicht: Frankreich ist nicht der »Erstfeind«, der »Zweitfeind« ist nur Frankreich. Frankreich verpestet ja nur Deutschland mit der gleichen Seuche, die der »vereinigte Judaismus und Jesuitismus« über das Vaterland brachte. Hitler verdeutschte und verdolmetschte nur als vollkommenster Seher die Gefahr, in die Germanien hineinstolperte. Jetzt ist die Gefahr erkannt. Jetzt ist sie Fleisch und Blut geworden in der Vorstellung des nordischen Germanen. Er mag beginnen, sich ihrer zu erwehren.

Georg Schott, der eben noch so lyrisch und mit biblischer Gebücktheit vor die Augen seines Meisters trat, hat aus dem Anblick Hitlers die herrlichste Ermunterung geschöpft. Der Rhapsode des Recken ist selber zum Ritter geworden. Rachsüchtig kreischt er auf: »Es wird nicht eher Ruhe, als bis die Laternenpfähle vollhängen!«

Wer wird gehängt? Vernegerte Franzosen, teuflische Jesuiten, die Flöhe, die Cholerabazillen, die Marxisten, kurz, die Juden.

Kein Mitleid! Schott klammert sich an den Führer und droht mit den Fäusten: »Ein Hundsfott der, der ihm darin nicht voll und ganz recht gibt!« Schott hat klar begriffen, worauf es seinem Hitler ankommt. Er braucht nicht zu orakeln. Unverblümt spricht er jetzt aus, was seines Meisters Wille ist: »Aber wer sagt Dir denn, dass es bloss Juden sein werden, die die Bekanntschaft mit des Seilers Tochter machen sollen, wenn erst diese Dinge spruchreif werden.« Und schliesslich: »Es wäre doch wahrhaftig schade um so manchen, der auf diese Weise dem Arme der Gerechtigkeit entginge, bloss um eines geringfügigen körperlichen Unterschiedes willen.«

Natürlich unterhielten sich Hitler und sein dienstfertigster Jünger auch über die »Geheimnisse der Weisen von Zion«. Hitler zweifelte keinen Augenblick daran, dass diese Geheimnisse wirklich niedergeschrieben und dass sie nur erfunden wurden zur Unterwühlung und Vernichtung der Völker. In seinem Kampfbuch hat Hitler es beteuert. Ihn kümmern nicht die Versicherungen christlichster Gelehrter, dass selten eine Fälschung so plump und närrisch in die Welt gesetzt wurde, wie dieses Pamphlet. Ein Wunder wäre es, wenn Schott dem Meister nicht auch in dieser Beziehung nachwandelte. Längst hat Schott entdeckt, welchen Namen jenes Deutschland verdient, das über die Geheimnisse der Weisen von Zion, diese schwärzeste und teuflischste und verbrecherischste aller Weltjudenbibeln lacht. Deutschland, wie bist du ein »Kulturbordell« geworden, das ist sein Jammer.

Er rechnet das Schuldkonto der »goldenen Internationale« auf. Gesprochen hat der weise Jude von Paris: »Die Wohlfahrt der Völker ist zu untergraben durch die Börse. Wenn auch die Börsenleute sich betrügen untereinander, wird doch zuletzt immer zahlen die Zeche der Ungläubige.«

Gesprochen hat der weise Jude von Rom: »Ist der Grund und Boden in unseren Händen, so muss die Mühe der Pächter und Arbeiter ihn (den Boden) zehnfachen Zins für uns bringen lassen.«

Gesprochen hat der weise Jude von Amsterdam: »Der Handwerkerstand muss ruiniert werden.«

Gesprochen hat der weise Jude von Wien: »Mögen die Brüder wirken für Aufhebung der bewaffneten Macht.« Und so weiter, und so weiter.

Nachdem die »goldene Internationale« entlarvt ist, wird der gleiche Prozess der grauen und roten gemacht. Die graue, das ist der Liberalismus, die rote, das ist der Bolschewismus. Ob golden, ob grau, ob rot, die Geheimnisse der Weisen von Zion bestätigen, dass alles Verbrechen unter ihren Söhnen grassiert, und Georg Schott schliesst, dass sie alle an den Galgen gehören.

Man meine aber nicht, dass Schott diese Strenge von sich aus erfinde. Nein, er gibt nur wieder, was er vom Meister lernte. Die Reden Adolf Hitlers, die er in den Münchener Bierbrauereien hielt, sind gesammelt. Von Abschnitt zu Abschnitt wird seine Sprache härter, unerbittlicher, meisterhafter. Er gibt nicht mehr nach. Er sieht nur noch Lumpen, Betrüger, Schufte, Verbrecher.

Von Vertrauten im Saale lässt er sich das Stichwort geben, und sie brüllen: »An den Galgen! An den Galgen!«

ES WIRD AUFGENORDET

Die geistige Haltung des Trommlers, des Traumlallers und des kleinen, den Messias erwartenden Johannes wäre nur unvollkommen skizziert, wenn wir nicht auch einen Einblick in Adolf Hitlers Kunstgedanken tun dürften.

Erwies der Führer sich schon bisher als ein Original, dem die Neuordnung seiner Welt für den Tag und die Jahrtausendzukunft gestattet war, so zeigt er der Kunsterkenntnis Wege, die kaum jemand vor ihm beschritt.

Das Verdienst, dem Führer diese Gedanken entlockt zu haben, kommt wiederum dem nationalsozialistischen Rebellen Otto Strasser zu. So wäre die Quelle verdächtig, zum mindesten mit Vorsicht zu gebrauchen. Aber vier Nationalsozialisten, die Herren Schapke, Kübler, Blank und Brinkmann, alle Würdenträger ihrer Partei, bestätigen, dass Dr. Strasser unmittelbar nach seiner Unterredung mit Hitler einen genauen Bericht des Gehörten zu Protokoll brachte.

Es gibt überhaupt nur eine Kunst, nämlich die griechischnordische Kunst – das war die These Hitlers. Er stülpte die ganze Kunstgeschichte um. Holländische Kunst, italienische, deutsche Kunst, – irreführende Begriffe wären das alles nur. Es wäre auch töricht, die Gotik als eigene Kunstgattung aufzufassen. Alles das wäre eben nur nordischgriechische Kunst. Kurz, alles, was überhaupt Anspruch auf den Namen Kunst erheben dürfe, könne »nur immer griechisch-nordisch« sein.

Das klingt sehr orakelhaft, und es ist nur dann einigermassen zu verstehen, wenn man sich an die Theorie des Mannes erinnert, der sich vor dem Münchener Volksgericht als einen Rasseforscher von Jugend auf bezeichnet hat.

Der Rasseforscher Hitler ist wiederum Schüler und Anhänger des Rasseforschers Dr. Hans F. K. Günther, den Weimars nationalsozialistischer Minister für Kunst und Volksbildung, Herr Frick, zum Professor für angewandte Rassenkunde an der Jenaer Universität machte, obwohl die Fakultät, unterstützt von den anerkanntesten deutschen Fachgelehrten, den Mann als einen der Wissenschaft entbehrenden und der Erkenntnis gefährlichen Ignoranten bezeichneten.

Zu den besonderen Liebhabereien Günthers gehört es nun, die nordische Rasse, unter der er natürlich die rein germanische versteht, für die Erzeugung alles hohen Kunstgutes auf der Welt in Anspruch zu nehmen. Da alle übrigen Menschenrassen nach Günthers Studium minderwertiger als diese nordisch-germanische Rasse sind, so können sie vielleicht durch die nordische hie und da aufgebessert werden. Geschehen könnte das durch den Prozess des »Aufnordens«.

Das ist Günthers technischer Ausdruck, und Hitler und Frick entzücken sich an der Vorstellung, dass diese Aufnordung in allen Epochen der Kunstgeschichte schon vollzogen wurde. Sie hoffen deshalb auch, dass nach der Verwirklichung des dritten Reiches diese Aufnordung der Kunst der ganzen Welt noch neues Blut und neue Blüte zuführen werde.

Strasser war nicht fähig, diesem steilen Gedankengang zu folgen und fragte bescheiden, wo denn etwa in der chinesischen und ägyptischen Kunst das Nordische zu suchen sei. Er vergass zu fragen, wie denn die Griechen des Altertums die Ehre fordern dürften, als Söhne der nordischen, allein kunstschöpferischen Rasse angesehen zu werden.

Hitler beachtete weder die lautgewordene noch die verschwiegene Frage und entschied: »Es gibt überhaupt keine chinesische oder ägyptische Kunst. Ich sagte Ihnen schon, dass es nur eine nordisch-griechische gibt, und Sie wissen doch, dass es sich bei Chinesen, Ägyptern und anderen gar nicht um einheitliche Völker handelt, sondern dass dort auf einem niederrassigen Volkskörper ein nordischer Kopf sass, der allein jene Meisterwerke schuf, die wir heute als chinesische oder ägyptische Kunst bewundern. Als dann diese dünne nordische Oberschicht verschwand, zum Beispiel die Mandschus, war es mit der dortigen Kunst zu Ende.«

Das sind eigentlich die einzigen, sehr sparsamen Äusserungen Hitlers, die aus dem strengen Gebiet der Politik und ihrer Parteipropaganda zu dem Bezirke der höheren Kultur hinausführen.

Doch wir müssen auf diese Ideen, die gerade wegen ihrer apodiktischen Kürze so erregend auf den Hörer wirken, noch näher eingehen. Hitler will ganz und gar begriffen sein. Wer nur eine Seite seines Wesens fasst, begeht ein Unrecht. Der »Seher« sieht vielleicht manches, wofür wir bisher kein Auge hatten. Er steche uns den Star:

Sein Rassenkronzeuge Dr. Günther, mit dessen Meinungen Hitler sich identifiziert, schrieb das Vorwort zu seiner Rassenkunde des deutschen Volkes auf jener Burg Saaleck bei Bad Kösen, wo Walther Rathenaus Mörder, der Oberleutnant zur See Kern und sein Freund Fischer, sich nach dem Attentat versteckten, wo Kern von dem verfolgenden Polizeibeamten erschossen wurde, und wo Fischer Selbstmord beging.

Angelockt durch die völkische Romantik dieser Stätte, zog sich Günther auf die Burg zurück, um in gedankenschwerer Einsamkeit den Schlussstrich unter sein Lebenswerk zu setzen.

Ihm war eine Wissenschaft aufgegangen, die ihn nicht vollständig befriedigte. Er hatte zwar säuberlich den Begriff der Rasse definiert und ihren Sinn derart festgelegt, dass Rasse jene Menschengruppe ist, die sich durch ihre leiblichen Merkmale und seelischen Eigenschaften von jeder anderen unterscheidet, doch als unbefangener Forscher hatte Günther sich gefragt, ob diese schöne Sauberkeit des leiblichen und seelischen Elements im deutschen Volk nicht befleckt worden wäre. Sorgenvoll hatte er zugegeben, dass alle Völker, also auch das deutsche, nur Rassengemische seien. Immerhin hatte er sich nach solchen Bedenken zu der optimistischen Wahrnehmung aufgerafft, dass bei den Vorzugsmenschen des deutschen Volks der »hochgewachsene, schlanke, helle Schlag«, der auch der langköpfige, schmalgesichtige, hellhäutige und hellhaarige und helläugige genannt werden kann, noch heute zu finden sei. Aber er beklagt, dass dieses nordische

Eliteelement, dem er auch besondere Sportfähigkeiten für »Mittelstreckenlauf, Wurf und Sprung« zuschreibt, heute nicht einmal mehr dem geübten Kennerauge sehr häufig begegnet. Das deutsche Volk, das germanisch-nordisch sein müsste, wurde eben von leichtfertigen Blut-, Knochen- und Gemütsmischern bastardiert wie jedes andere Volk auch. Im Süden des Landes könne man sogar eine Vernegerung beobachten, die gleiche Vernegerung, die Hitler angewidert den Franzosen vorwirft.

Der Professor sucht nach Erklärung für diese scheussliche Rassenverderbnis seiner Landsleute. Sie begann schon, als vor etwa zweitausend Jahren römische Kohorten Germanien überschwemmten. Es waren also damals die wilden Italiener schuld. Die Vernegerung setzte sich fort, als im deutschen Süden während der Besatzungszeit die »Schwarze Schmach« regierte.

Der Professor nennt die Rassenminderung seines Volks die »Entnordung« oder die »Ausmerze« des germanisch-nordischen Elements aus dem gesamten Nationalkörper. Und er fragt: Kann nun das deutsche Volk von dieser so klar diagnostizierten Rassenkrankheit genesen?

Trösten wir uns, es ist möglich. Die »nordische Bewegung wird die Gesundung bringen. Sie wird das deutsche Volk aufnorden«. Sie wird »das deutsche Volk von Grund aus, von den Erbanlagen her, im Lauf der Jahrhunderte so umschaffen, dass es den starken Kern nordischer Rasse wiedergewinne, der ihm in seinen schöpferischen Zeiten eigen war«.

Gewiss, das wird nicht von heut auf morgen geschehen. Bis es so weit ist, können einige Jahrhunderte, auch tausend, auch zweitausend Jahre vergehen, doch was bedeutet die Zeit in Anbetracht des herrlichen Ergebnisses, das zu erhoffen ist.

Professor Günther bereitet also rassisch das dritte Reich vor, das Hitler politisch vorbereitet, und beide sind sich darin einig, dass sie auf lange Sicht arbeiten. Ist es aber erst geschafft, ist Deutschland güntherisch-rassisch und hitlerisch-politisch »erwacht« und auskuriert, dann wird es niemals mehr den Fehlern seiner Vergangenheit anheimfallen.

Hitler nennt dieses aufgenordete Volk das Volk der Promethiden, wie wir schon wissen. Doch Günther weiss noch mehr: »Nordische Menschen reifen in der Regel spät.« Sie besitzen »wenig Einfühlungsvermögen oder auch Einfühlungsneigung in fremdes Seelenleben«.

Schadet nichts, denkt Hitler. Was lange währt, wird gut, und die nordischen Menschen seines Reiches werden dann eben stark genug sein, um der ganzen Welt *ihre* Seele einzupflanzen. Sie brauchen die fremde Seele nicht, sie werden sie zermalmen. Sie taten es schon in grauer Vorzeit, da sie die griechische, die ägyptische und chinesische Kunst schufen.

Das sind die Gedanken, die Hitler über die Kunst zu äussern hat.

Er bereitet das kommende Reich langsam und methodisch vor, mit der Kraft seiner Lenden und mit der Stärke seines Geistes. Nicht nur an die Männer wendet er sich, auch die Jungen sollen ihm folgen.

Er hat die »Hitlerjugend« gegründet. Zu einem »Ring« ist das ganze Jugendheer zusammengefasst. Der Ring gliedert sich wiederum in Scharen und Gruppen.

Es gibt Knabenschaften und auch Schwesternschaften, doch die Mädchenbünde haben sich der Knabenoberhoheit zu unterwerfen. Der Nationalsozialismus soll eine vorwiegend männliche Gemeinschaft sein. In Hitlers Zukunftsstaat haben die Frauen, die nur für die Verewigung der Rasse, doch nicht für die Erledigung der Regierungsgeschäfte Sorge tragen, nicht viel zu suchen.

Die Jungen werden frühzeitig in Reih und Glied in die »Sturmabteilung« eingestellt. Hitler organisiert auch den nationalsozialistischen »Schülerbund«. In Gaue, Bezirke und Ortsgruppen ist der Bund eingeteilt. Seinen Führern ist es Pflicht, in den Schulen nationalsozialistische »Zellen« anzulegen, genau wie dies den Kommunisten befohlen wird. Daneben freuen sich ihres Lebens noch die Jugendbünde der Geusen, der Schillscharen und Werwölfe, der Adler, Falken und Rolandsgilde, aber sie werden von Hitler nur geistig patronisiert. Da sie sich seiner Führerkontrolle entziehen, verweigert er ihnen die letzten Weihen der Organisation.

Die Jungen von acht bis zu achtzehn Jahren gelten alle insgesamt als »Symbol des grossdeutschen Freiheitswillens.« In der Hitlerschen Feldzeugmeisterei werden sie eingekleidet. Sie empfangen das Hemd, das braun ist gleich der Erde, die sie einst erobern sollen. Sie empfangen die rote Binde mit dem schwarzen Hakenkreuz auf weissem Grund. Nach angestrengtem Nachdenken hat der Meister selbst in gesegneter Stunde das Modell entworfen. Die Jungen finden in der Feldzeugmeisterei Stöcke und Gamaschen und auch die Begeisterung, um, sobald es ihnen rechtens dünkt, Pflastersteine aufzulesen und die Schaufenster der Marxisten und Juden zu zerschmettern. Vor dieser letzten Tat dürfen sie nicht zurückschrecken. Denn sie sind ja die »Verkörperung des deutschen Wehrgedankens« gegen »Terrorversucher«.

Also Aug um Aug und Zahn um Zahn, wie es in der Judenbibel kommandiert wird.

Und Hitler prophezeit: »Die Armee, die wir herangebildet haben, die wächst von Tag zu Tag, von Stunde zu Stunde schneller. Gerade in diesen Tagen habe ich die stolze Hoffnung, dass einmal die Stunde kommt, da diese wilden Scharen zu Bataillonen, die Bataillone zu Regimentern, die Regimenter zu Divisionen werden, dass die alte Kokarde aus dem Schmutz herausgeholt wird, dass die alten Fahnen wieder voranflattern, dass dann die Versöhnung kommt beim ewigen, letzten Gottesgericht, zu dem anzutreten wir willens sind. Dann wird aus unseren Knochen und aus unseren Gräbern die Stimme des Gerichtshofes sprechen, der allein berufen ist, über uns zu Gericht zu sitzen!«

MUSSOLINI UND DER PROMETHIDE

Der Trommler berauscht sich an seinen eigenen Worten. Der Schaum der Selbstanbetung geifert ihm über die Lippen.

Er ist längst nicht mehr imstande, zwischen Wahrheit, Lüge und Selbstbetrug zu unterscheiden. Er ist wirklich nur noch der Traumlaller.

»Glauben Sie mir, ich wäre auch im anderen Lager mit offenen Armen aufgenommen worden!« So schreit er vor dem Münchener Volksgericht.

Das ist wieder der Hochmut des Selbstanbeters, der im Innersten stets vor sich kniet und vermeint, dass nur das Wort, dass nur die Propaganda, dass nur die Reklame alles sei.

Schon in dem Vorwort seines Kampfbuchs macht er ein Geständnis, das seine wahre Natur noch vollkommener charakterisiert: er äussert die Ansicht, dass nicht das geschriebene Wort, sondern allein das gesprochene die Massen gewinnen wird, dass »jede grosse Bewegung auf dieser Erde ihr Wachsen den grossen Rednern und nicht den grossen Schreibern verdankt«.

Ja, nichts als ein Redner will er sein, nichts als ein Improvisator. Er wünscht gar nicht, dass der Hörer eingehend über seine Worte nachdenkt, er will dem Hörer gar keine Zeit lassen, kaltblütig all das Vorgetragem einer Prüfung zu unterziehen, Mit rethorischen Rauschmitteln will er die Massen betäuben. Die Seelen, auf die er wirken will, sollen für den Moment entzündet werden. Er will die Masse hinlegen und auch hineinlegen durch die schauspielerischen Künste, die in ihm toben. Er will die Masse wild machen. Er will verhindern, dass sie zum politischen Rechnen und Enträtseln ihrer Daseinsschwierigkeit gelangt. Den Instinkt der Masse bearbeitet er, niemals ihre Vernunft.

Mussolini ist sein Vorbild. Mussolini ist gewiss auch alles das, was Hitler ist. Aber darüber hinaus hat sich der italienische Diktator die klassische Bildung seines Volkes angeeignet. Er hat einen durchgegliederten und durchgedachten Plan der faschistischen Wohlfahrt ausgebaut. Er überrascht auch durch theatralisch aufwirbelnde Improvisationen, doch er improvisiert erst, nachdem er gedacht hat. Mussolini zwingt die Freunde zur Begeisterung, doch er zwingt ebenso die Feinde, sich ernsthaft mit seinem System auseinanderzusetzen. Mussolini wartet mit einem fest umrissenen Programm der Politik, der Volkswirtschaft und der allgemeinen Weltanschauung auf. Wer ihn bekämpft, muss sich auf den Boden der strengsten Wirklichkeit stellen. Wer ihn besiegen will, muss ihn überwältigen durch fassbare Ideen und noch mehr durch wirksame Taten. Mussolini prägt sich ein.

In allem Äusserlichen ahmt Hitler den Italiener nach, doch nichts hat er zu Ende gedacht. Seine Improvisationen werden hinausgepufft, doch sie sind schon verpufft, noch ehe sie an das Ohr des Kritikers gelangten. Wer die Kuriosität Hitlers kritisch unter die Lupe nimmt, dem wird begegnen, dass sie ihm sehr bald zerflattert. Es kostet nur geringe Mühe, den Trommler und Traumlaller geistig abzuschütteln.

Hitler sehnte sich danach, dass sein Leben als ein grosser und heisser Kampf bewundert werde. Zieht man aber die ganze Bilanz dieses Lebens, dann setzt es sich nur zusammen aus Bemühungen, über die Schwierigkeiten jedes ernsthaften Problems hinwegzutäuschen und mit pompöser Zufallsphrase die Welt durcheinanderzuwirbeln.

Zu allen Zeiten gab es solche Polterer, doch zu allen Zeiten wurden die Vernünftigen auch solcher geräuschvollen Schwarmgeister Herr.

Nur Lord Rothermere und Gustave Hervé wollen nicht auf ihren Hitler verzichten. Aber dem englischen Zeitungsmagnaten und dem vom Anarchosozialismus zum Anarchoimperialismus bekehrten Franzosen ergeht es wie den Hottentotten im Urwald. Mit Hochgenuss und Stolz tragen sie den abgetragensten Trödel Europas: Europas verbeulte Zylinderhüte, Europas abgeschabte Uniformen und ausgetretene Zugstiefel, und glauben, im Besitze der kostbarsten Erdenherrlichkeit zu sein. Mit gleichem Gefühl bemächtigen sich der Lord und der Franzose ihres Helden Adolf Hitler.

Es streichelt der Lord den Prometheus, und Hitler ist sofort geschmeichelt bis ins Knochenmark. Er übersieht es geflissentlich, dass der Lord, einstmals ein schlichter Mr. Harmsworth, zu den ihm so verhassten Koryphäen der jüdischen Hochfinanz gehört. Er ist sofort bereit, mit dem Juden zu paktieren. Er verstösst ihn nicht aus seinem glühenden Antisemitenherzen. Im Gegenteil, er unternimmt den kühnsten Vorstoss, um den Lord davon zu überzeugen, dass alles nur Gerede, nur Trommlertaktik, nur Reklamerührigkeit, nur Improvisation zum Gebrauch für die Volksversammlungen in den Brauhäusern gewesen sei. Jetzt verstehen wir erst, warum Hitler sich rühmte, dass er auch bei anderen Parteien zu Glanz und Gloria gelangt wäre. Seine Staatskunst ist die Kunst der Charakterlosigkeit. Er tobt im Hause Deutschland, er benimmt sich gesittet, da er an den fremden Tisch geladen wird. Mit der Genugtuung des Emporkömmlings begibt er sich in die Gesellschaft des jüdischen Lords, von dessen Zeitungsreklame er weiteres Emporkommen für sich erhofft. Kaum sieht er jenseits der Landesgrenze eine bessere Chance zur Tagesberühmtheit, als er auf die heiligsten Errungenschaften dessen pfeift, was er eben noch seinen Lebenskampf nannte. Er desertiert vor der Sache seiner armen deutschen Anhänger. Judenzahm will er werden, um in jener Zahmheit zu schillern, die der Lord verlangt.

Vor Königsthronen ist er stolz. Vor seiner Lordschaft verbeugt er sich gehorsam.

Also wäre er vielleicht doch ein gerechter Mann, ein Saulus, der zum Paulus ward? Also dürfte doch von ihm gesagt werden, dass er die Tobsucht der Intoleranz abschüttelte, um vor seinem Lord als Säule der Toleranz zu erscheinen? Oder ist er auch darin »kerndeutsch«, dass er wie Loki lügt, um den Lord für seinen Ruhm einzuspinnen?

Hitler geht zu Hervé, und Hervé lockt seinen Hitler und verspricht ihm: Frankreich wird den geschlagenen

Deutschen die verlorenen Länder wiedergeben, Frankreich wird den polnischen Korridor zersprengen und den Deutschen auch im schwarzen Kontinent jene Machtzonen einräumen, die sie einstmals beherrschten. Und Hitler ist entzückt. Er verzieh dem Lord die minderwertige Rasse. Er verzeiht dem Franzosen und seinem ganzen Volke die Vernegerung. Er gesteht, dass er farbenblind gewesen ist. Jetzt ist er genesen, jetzt blickt er treuherzig in das tadellose Bleichgesicht, das ihm Hervé zeigt. Und er bietet ihm ewige Freundschaft an, eine ritterliche Freundschaft von Haudegen zu Haudegen.

So wäre er ja doch ein tüchtiger Mann, der den jahrhundertealten Erbhass zwischen Frankreich und Deutschland zum Schweigen bringt?

Er würde es sein, wenn seine Partner auch nur einen Fetzen von Macht in Händen hielten. Aber sie werden in ihren Ländern als närrische Käuze angesehen, als Landstreicher im Reiche der Politik; sie gelten in ihren Ländern genau so viel, wie Hitler in Deutschland gilt: sie gelten als Wühler ohne Gefühl für Wirklichkeiten.

Das Triumvirat Rothermere-Hervé-Hitler schleudert nur Petarden, doch es hat keinen strategischen Plan. Es will nur die Welt an manchen Enden anzünden, doch es berechnet niemals, wohin der Wind die Flamme schlagen könnte. Die drei Freunde befeuern sich, indem jeder die Improvisationen des anderen übertrumpft. Sie spielen ein Bauernfängerspiel. Doch Hitler ist der Unvorsichtigste, weil er der Schwächste ist. Und so geschieht es, dass er alles, was er eben noch respektierte, seinen germanischen Rassen- und Ritterstolz, als Einsatz hinwirft – wie ein Glücksspieler, der alle Selbstachtung verlor.

NACHWORT

Immerhin eine gute Achtelseite. Der Buchhandlung des Karlsruher Verlages »Volksfreund« war die Neuerscheinung eine größere Anzeige wert: Am 11. Dezember 1930 erschien auf der letzten Seite in der *Tageszeitung für das werktätige Volk Mittelbadens* das Inserat für den neuen Band *Die große Trommel. Leben, Kampf und Traumlallen Adolf Hitlers*.[1] Der 155 Seiten starke Band wurde als »Generalabrechnung mit diesem Mann, der sich vor der Geschichte anmaßt, als Führer und Befreier Deutschlands aufzutreten«, angepriesen.

Dass es sich beim Autorennamen »Tacitus Redivivus« um ein Pseudonym handelte, war unübersehbar – aber ebenso die Zustimmung zu dem Band bei der Sozialdemokratie. In Wien besprach die gemäßigt linke Zeitung *Der Abend* vier Wochen später die Neuerscheinung: »Dieses Werk ist die erste nicht durch die parteipolitisch getrübte Brille der Anhänger gesehene ausführliche Schilderungen des Lebens Adolf Hitlers. Die Entwicklung des im Brennpunkt des internationalen und nationalen Interesses stehenden Führers der NSDAP wird von Tacitus Redivivus spannend und so aufklärend geschildert, dass dem Leser keine Zweifel bleiben.« Der nicht genannte Rezensent lobte das »geradezu verblüffende Material« und die »Sachkenntnis, mit der dieses Werk geschrieben ist«, und nahm deshalb an, das Pseudonym Tacitus Redivivus verberge »einen mit dem deutschen Parlamentarismus bestens vertrauten Historiker«. Das Blatt kam zum Ergebnis: »Jeden Deutschen, dem das Wohl seiner Nation am Herzen liegt, dürfte dieses geistreiche und faszinierende Buch interessieren.«[2]

Das war jedoch zu viel der Hoffnung. Soweit bekannt, gab es nur eine einzige Auflage dieses Bandes; auch die öffentliche Resonanz blieb bescheiden.[3] Typisch war eine Sammelrezension neuer Bücher zum Nationalsozialismus im März-Heft 1931 der *Sozialistischen Monatshefte*, in der es hieß: »Den Werdegang Hitlers, die Grundlagen seiner Persönlichkeit und seines Erfolgs schildert in anregender, wenngleich auch sehr subjektiver Darstellung jemand, der sich Tacitus Redivivus nennt, in einem Buch ›Die große Trommel. Leben, Kampf und Traumlallen Adolf Hitlers‹. Der Wert des Buches liegt neben der historischen Darstellung in dem Versuch der psychologischen Deutung der Persönlichkeit Hitlers.«[4]

In der längst überreichen Literatur zu Adolf Hitler und seiner Biografie taucht *Die große Trommel* nicht auf, weder bei Joachim Fest noch bei Ian Kershaw, nicht bei Peter Longerich und auch nicht bei Volker Ullrich. Während Konrad Heiden allgemein als Autor der ersten Hitler-Biografie anerkannt ist, kennt fast niemand mehr das Werk von Tacitus Redivivus.[5] Ein Fehler. Denn bei seinem Werk *Die große Trommel* handelt es sich um eine erstaunlich klare Analyse des Denkens und Charakters Adolf Hitlers. Beinahe prophetisch sah der Autor die kommende Bedeutung voraus, die der »Führer« und Verführer für Deutschland haben sollte – bis hin zum Abgrund, dem »letzten Gottesgericht, zu dem anzutreten wir willens sind«.[6] Es ist Zeit für eine Wiederentdeckung.

*

Anlass des Buches war der Erdrutsch-Sieg der NSDAP bei der vorgezogenen Wahl zum Reichstag der Weimarer Republik am 14. September 1930. Die Abstimmung war erforderlich geworden, weil die staatstragenden Parteien sich angesichts absehbarer Verwerfungen in der Wirtschaft nicht mehr auf die Unterstützung einer Regierung einigen konnten. Das hatte Gründe auf allen Seiten: Die SPD, auf Reichsebene 1919/20, erneut in der existenziellen Krise 1923 und seit 1928 in einer Großen Koalition stärkste Stütze der verfassungsmäßigen Ordnung, gab ideologischen Forderungen den Vorrang gegenüber pragmatischer Politik. Das katholische Zentrum, in Preußen mit Sozialdemokratie und Liberalen weiterhin konstruktiv in der Verantwortung, entwickelte sich auf gesamtstaatlicher Ebene unter dem Einfluss des neuen Reichskanzlers Heinrich Brüning nach rechts. Die Bürgerlichen, die liberale Deutsche Demokratische Partei (seit Juli 1930 mit dem neuen Namen Deutsche Staatspartei) und die nationalliberale Deutsche Volkspartei, waren schon in den vorangegangenen Wahlen zunehmend marginalisiert worden. Die rechtskonservative Deutschnationale Volkspartei, die noch 1924 bis 1928 mitregiert hatte, hatte unter dem Einfluss Alfred Hugenbergs einen scharfen Schwenk zur antiparlamentarischen Partei vollzogen.

Als wären diese Herausforderungen noch nicht groß genug, setzen die politischen Ränder die Republik unter Druck. Die KPD steuerte eine gewaltsame Revolution an – und attackierte zugleich die SPD wegen ihres angeblichen »Sozialfaschismus«. Die NSDAP hatte seit dem blamablen Ergebnis bei der Reichstagswahl 1928 mit gerade einmal 2,6 Prozent der Stimmen rasch an Bedeutung gewonnen. Einerseits in Landtags- oder Kommunalwahlen – so hatte die Hitler-Bewegung ihre Stimmenanteile bei den Abstimmungen 1929 stets verdrei- bis vervierfacht. Andererseits begann die NSDAP von der Reichshauptstadt aus mit einer Mischung aus Dreistigkeit, Gewalt und Propaganda das politische Klima zu dominieren. Verantwortlich war dafür in erster Linie der Berliner Parteichef Joseph Goebbels, der die preußischen Behörden vor sich hertrieb, während die bayerische Polizei Adolf Hitler in München recht effektiv einhegte.

In dieser Situation lehnte der Reichstag am 16. Juli 1930 mit den Stimmen sowohl der erklärten Republikfeinde KPD, DNVP und NSDAP wie der eigentlich staatstragenden Sozialdemokratie den von Reichskanzler Brüning vorgelegten Haushaltsentwurf für das laufende Jahr ab. Die zwangsläufigen Neuwahlen terminierte man auf den 14. September 1930. Angesichts der inzwischen grassierenden Wirtschaftskrise mit stark steigenden Arbeitslosenzahlen und sinkenden Reallöhnen war das verhängnisvoll. Denn eigentlich hätte der 1928 gewählte Reichstag noch bis 1932 amtieren können.

Die NSDAP und ihr »Führer« stilisierten die bevorstehende Abstimmung zur Entscheidungsschlacht: »Wenn wir in wenigen Wochen zur Wahl schreiten und wenn wir durch diese nicht aus diesem System herauskommen, was soll dann in Wirklichkeit in Deutschland gebessert werden können?«[7] Wiederholt sprach Hitler vom »Wendetag der deutschen Geschichte« und drohte: »Am 14. September 1930 wird entweder das System der jahrzehntelangen Belügung unseres Volkes gerichtet und damit gestürzt, oder Deutschland geht den Weg ins Verderben bis zur letzten Konsequenz.«[8]

Als am 15. September 1930 die Wahlergebnisse bekannt wurden, zeigte sich: Die NSDAP hatte ihren Stimmenanteil gegenüber 1928 verachtfacht; als einzige andere Partei hatte die KPD leicht zugelegt. Am stärksten verlor Hugenbergs DNVP: mehr als die Hälfte ihrer Stimmen. Die SPD sank um ein Sechstel, die beiden liberalen Parteien verloren noch etwas stärker. Als relativ stabil erwies sich allein das katholische Zentrum. »Ein schwarzer Tag für Deutschland«, notierte der Schriftsteller Harry Graf Kessler in sein Tagebuch: »Die Nazis haben ihre Mandatszahl fast verzehnfacht, sind von zwölf auf 107 Mandate gekommen und so die zweitstärkste Partei des Reichstages geworden.« Völlig zutreffend analysierte er: »Wir stehen damit, bei 107 Nazis, 41 Hugenbergern und über 70 Kommunisten, also etwa 220 Abgeordneten, die den heutigen deutschen Staat radikal verneinen und revolutionär beseitigen wollen, vor einer Staatskrise.«[9]

*

In dieser Situation entschied sich Tacitus Redivivus, die deutsche Öffentlichkeit über den Charakter der NSDAP aufzuklären. »24 Stunden nach dem Wahlsonntag war klar, dass sie mit 107 Parlamentariern, mit bisher im öffentlichen Leben kaum bekannten Männern, den engen, für solchen Zustrom gar nicht geeigneten Sitzungssaal überschwemmen« würde. Diese »107 Unbeschriebenen« hätten sich bisher nur zu einem bekannt: der »entschiedenen Feindschaft gegen das Parlament, das sie künftig bevölkern« sollen: »Seit zehn Jahren hatten sie durch den Mund Hitlers ihrem Lande die Revolution angekündigt.« Daraus schloss Tacitus Redivivus, den »Führer dieser Revolution« verstehen zu müssen: »Wer war Adolf Hitler? Wer ist er? Wer wird er sein?«[10]

Um diese Aufgabe zu erfüllen, wertete Tacitus Redivivus eine Fülle von Texten aus. Im Mittelpunkt stand Hitlers Selbstdarstellung in seinem Bekenntnisbuch *Mein Kampf*, das ihm in der seit Mai 1930 erhältlichen Volksausgabe vorlag.[11] Daneben nutzte er eine Reihe weiterer Texte. Zu den wesentlichen gehörte eine noch im Oktober 1923 erschiene Sammlung von Reden, denen unter dem Namen des Herausgebers Adolf-Viktor von Koerber ein biografischer Abriss vorangestellt war, der aber möglicherweise von Hitler selbst stammte.[12] Ferner das *Volksbuch vom Hitler* des vormaligen evangelischen Pastors Georg Schott, eine im Frühsommer 1924 erschiene Huldigung. Intensiv nutzte Tacitus Redivivus die Berichte verschiedener Zeitungen über das Hochverratsverfahren nach dem gescheiterten November-Putsch und wohl auch die ebenfalls noch 1924 erschiene Dokumentation *Der Hitler-Prozess vor dem Volksgericht in München* in zwei Bänden. Das von dem völkischen Wirtschaftstheoretiker und Verfechter des Gedankens der »Zinsknechtschaft« Gottfried Feder im August 1927 kommentiert herausgegebene Parteiprogramm der NSDAP zitierte er ausgiebig. Ausführlich benutzte Tacitus ferner zwei sehr unterschiedliche nationalsozialistische Schriften: Einerseits das von Joseph Goebbels noch vor seinem Wechsel in die Reichshauptstadt im November 1926 fertiggestellte, aber erst im folgenden Jahr in Elberfeld erschienene Heft *Der Nazi-Sozi*, das »Fragen und Antworten für den Nationalsozialisten« enthielt, die allerdings noch stark geprägt waren von der frühen, »linken« Phase des späteren NS-Chefpropagandisten. Andererseits die Broschüre *Ministersessel oder Revolution* von Otto Straßer, dem Berliner Konkurrenten Goebbels', der nach fortwährenden Auseinandersetzungen mit Hitler seit 1926 im Frühjahr 1930 mit der NSDAP öffentlich brach, eine »Kampfgemeinschaft Revolutionärer Nationalsozialisten« gründete und bald in der Bedeutungslosigkeit versank.

Zu welchen Einsichten führten diese Quellen den Autor Tacitus Redivivus? Zwar fiel er passagenweise auf die fiktiven Schilderungen Hitlers über seine Herkunft und Jugend herein, aber das ging vier Jahrzehnte später dem Verfasser der gefeierten Hitler-Biografie, Joachim Fest, auch nicht anders. Erstaunlich ist jedoch, wie hellsichtig Tacitus Redivivus die psychischen Dispositionen des NSDAP-Chefs erkannte – dies hebt ihn aus der Fülle anderer Deutungen heraus, die gerade für die Zeit von Ende 1930 bis ins beginnende Jahr 1933 reichlich überliefert sind.[13]

So fasste er Hitlers Selbstverständnis treffend zusammen: »Einreihen sollte man ihn in den Generalstab der Genies, die zu allen Zeiten die an sich trägen, schwerfälligen und erfindungsarmen Nationen zu unerwartetem Glück hinaufrissen.«[14] Auch den Grund für die pseudoautobiografischen Darlegungen erkannte er: »Durch jede dieser Knabenerinnerungen will er beweisen, dass die Vorsehung ihm ganz besondere Erfolge schuldet. Er will ein Held unter den Knaben gewesen sein.«[15] Dass er trotzdem hinsichtlich zahlreicher Details eben diesen Fiktionen aufsaß, etwa hinsichtlich Hitlers vermeintlicher Vergangenheit als Hilfsarbeiter auf Baustellen in Wien, seiner angeblichen Auseinandersetzungen mit dortigen Gewerkschaftern oder seinem vermeintlichen früh entwickelten Antisemitismus, erstaunt; es ist vermutlich dem Bemühen geschuldet, den Gegenstand seines Interesses ernst zu nehmen.

Klar erkannte Tacitus Redivivus die Bedeutung des Armeedienstes 1914 bis 1918, wenngleich Hitler eben (was der Verfasser noch nicht wissen konnte) gerade nicht überwiegend vom tatsächlichen Fronterlebnis geprägt wurde.[16] Jedenfalls brachte er das entsprechende Denken des NSDAP-Chefs auf so griffige wie treffende Formeln: »Der Krieg sicherte ihm die Existenz, der er bisher nicht Herr geworden war. […] Während des Krieges dachte er auch an den Frieden. Doch er sollte nur geschlossen werden nach einer vollkommenen Vernichtung des Feindes. Nun, da dieser Plan nicht gelungen war, entglitt ihm sein eigentlicher Lebensinhalt. […] Vier Jahre des Kriegs genügten ihm nicht. Fortsetzung, ja Verewigung des Kriegs, das ist Gesetz. Entdecker des Gesetzes und Gesetzgeber ist er allein.«[17]

Das spätere Herrschaftsprinzip des »Führers und Reichskanzlers« Adolf Hitler antizipierte Tacitus Redivivus schon im Herbst 1930 erstaunlich präzise: »Ich ersetze die bestehende Ordnung durch mich selber und wähle nach meinem subjektivsten Geschmack die Mithelfer aus, die mir zur Lenkung der Masse genehm sind. Die Masse wird geschichtet in die Subjekte, die mir dienen sollen, und in die übrigen, denen meine Subjekte genehm sein müssen.«[18] Wenngleich Hitler gewiss nie so reflektiert den eigenen Griff nach der Macht durchdacht, sondern stets instinktgesteuert agiert und reagiert hat, so trifft diese knappe Beschreibung doch genau: Das Ermächtigungsgesetz vom 23. März 1933 übertrug die Gesetzgebungskompetenz der Reichsregierung und damit faktisch dem Reichskanzler, der sich frei nach eigenem Gusto die Männer (es waren nur Männer) aussuchte, die seinen Willen umsetzen sollten – und die er jederzeit verstoßen konnte, wenn sie nicht so funktionierten, wie er das wollte. Nach diesem Prinzip funktionierte Hitlers Herrschaft bis in die dritte April-Woche 1945.

Genau verstand Tacitus Redivivus die grundlegende Strategie in Hitlers Denken, die er »sein deutsches Bodenprogramm« nannte. »Das Dritte Reich braucht nicht nur den engen Bezirk des Landes, der die gerade vorhandene Bevölkerung ernährt. Unermüdlich muss Deutschland Kinder zeugen und diese Nachkommenschaft über seine Grenzen vorschieben. Der deutsche Nährboden muss unaufhörlich erweitert werden«, fasste er die seitenlangen, überwiegend wirren Darlegungen in *Mein Kampf* zusammen. Tacitus Redivivus dachte diese Vorstellung von »Lebensraum« als der entscheidenden Größe zu Ende: »Er kann nur wachsen, wenn der Landbesitz der Nachbarn zusammenschrumpft. Freiwillig werden die Deutschland umgebenden Staaten ihre Erde nicht hergeben. Also ist notwendig: der deutsche Krieg.«[19]

Zwar ausführlich, aber aus heutiger Sicht erstaunlich deskriptiv befasst sich Tacitus Redivivus mit dem anderen durchgehenden Motiv, das Hitlers politische Existenz von 1919 bis 1945 prägte: dem wahnhaften Judenhass. *Die große Trommel* referierte die in *Mein Kampf* und andernorts geäußerten Affekte, zum Beispiel über Wien: »Und dann die Juden! Sie erscheinen ihm als die Vertreter aller Schlechtigkeit. Er erblickt ihren Reichtum in den Stadtteilen der Begüterten. Mit Missfallen studiert er aber auch die schmutzig herumschleichenden jüdischen Proletarier.«[20] Oder über die vermeintliche Identität von Juden und Kommunisten: »Heute machte er die Juden dafür verantwortlich, dass die bolschewistische Welle von Russland auch nach Deutschland herüberschlug.« Dabei fiel Tacitus Redivivus der irritierende Denkfehler natürlich auf, den Millionen NSDAP-Anhänger ignorierten: »Tags darauf warf er den Juden vor, dass sie die grimmigsten Kapitalisten auf der ganzen Erde seien.«[21]

Auch verwies er auf Hitlers Forderung: »Das deutsche Volk müsse erkennen, dass es gegen seine Rasse, gegen sein nationales Glück und schließlich gegen die Gesamtheit des Staates schwer sündige, wenn es nicht schleunigst die Ausrottung der Juden unternähme.«[22] Sogar die nach 1945 meist als Prophezeiung von Auschwitz wahrgenommene Bemerkung Hitlers: »Hätte man zu Kriegsbeginn und während des Krieges einmal 12 000 oder 15 000 dieser hebräischen Volksverderber so unter Giftgas gehalten, wie Hunderttausende unserer allerbesten deutschen Arbeiter aus allen Schichten und Berufen es im Felde erdulden mussten, dann wäre das Millionenopfer der Front nicht vergeblich gewesen« paraphrasierte Tacitus Redivivus: »Daher gilt Hitler jedes Mittel als legal, das zur Beglückung seines deutschrassigen Volkes angewendet wird. Nicht nur die Vergasung von zwölf- bis fünfzehntausend Hebräern, sondern auch der Versuch eines opferbereiten Mannes oder Jünglings, einen Unterdrücker des deutschen Volkes aus der Welt zu schaffen.«[23]

Obwohl er diese Passagen kannte, erwartete Tacitus Redivivus nur begrenzte antisemitische Maßnahmen: »Kommt das Dritte Reich, dann werden bestimmt alle Juden ausgewiesen, die nach dem 2. August 1914 deutschen Boden betraten.«[24] Also das, was Bayerns reaktionärer Generalstaatskommissar Gustav von Kahr im Oktober 1923 getan hatte.[25] Einschneidendere judenfeindliche Maßnahmen konnte sich Tacitus Redivivus im Herbst 1930 offenbar nicht vorstellen. Ab Anfang Februar 1933 musste er erkennen, wie fundamental er sich geirrt hatte.

*

Wer nun verbarg sich hinter dem Namen Tacitus Redivivus? Die wenigen Publizisten und Forscher, die sein Buch vor oder nach 1945 überhaupt wahrnehmen, beschränkten sich fast ausnahmslos auf die Angabe, es handele sich um ein Pseudonym.[26] Soweit erkennbar hat als einziger Historiker der *Mein-Kampf*-Experte Othmar Plöckinger eigenständige Überlegungen angestellt: »Eine Sonderstellung nahm schließlich der 1930 unter dem Pseudonym Tacitus Redivivus erschienenen Text ›Die große Trommel‹ ein. Wer hinter dem Pseudonym stand, ist nach wie vor unklar. Doch kam der Autor nicht aus dem unmittelbaren Umfeld Hitlers.« Plöckinger lobte die genaue Kenntnis, die Tacitus Redivivus über *Mein Kampf* hatte, und schloss: »Diese hellsichtige Analyse verhallte weitgehend unbeachtet, obwohl das Buch keineswegs unbekannt geblieben ist.«[27]

Erstaunlich sind die beiden Vorschläge, die Plöckinger für die Auflösung des Pseudonyms macht: »Einiges spricht dafür, dass es sich um Gerhard Schultze-Pfaelzer gehandelt hat«.[28] Doch die Autorenschaft dieses 1891 geborenen Frontveteranen ist unwahrscheinlich: Schultze-Pfaelzer veröffentlichte Anfang 1931 (das Vorwort ist auf den Monat Januar datiert) eine Broschüre mit dem Titel *Anti-Hitler. Eine unabhängige Zeitbetrachtung*, die weder inhaltlich noch sprachlich Ähnlichkeiten mit dem Werk von Tacitus Redivivus aufweist.[29] Warum sollte ein Autor, der gerade erst Anfang Dezember 1930 einen Hitler-kritischen Band unter Pseudonym veröffentlicht hatte, schon wenige Wochen später unter seinem eigenen Namen eine weitere Schrift folgen lassen?

Für »wenig wahrscheinlich« hält Plöckinger selbst den anderen Vorschlag, den er macht.[30] Demnach könnte sich hinter dem Pseudonym Bernhard Stempfle verborgen haben, der ehemalige Ordenspriester und völkische Publizist, der als Herausgeber des radikal judenfeindlichen *Miesbacher Anzeigers* bekannt geworden ist. Angeblich soll er den ersten Band von *Mein Kampf* als Lektor betreut haben. Doch das ist äußerst unwahrscheinlich, weil er sich just zur Zeit der Fahnenkorrektur mit dem *Völkischen Beobachter* öffentlich einen heftigen Streit lieferte.[31] Ausgeschlossen werden kann die Identifikation von Tacitus Redivivus mit Stempfle aber durch den Vergleich der Urteile in *Die große Trommel* über *Mein Kampf* mit denen im *Miesbacher Anzeiger*, der vor allem die Originalität von Hitlers Buch infrage stellte. Bei weiten Passagen des Buches handele es sich um »Schilderungen, die schon früher und anderswo teils besser, teils ebenso gut gemacht wurden, auf die Hitler keinen Anspruch hat, dass sie von ihm ursprünglich und selbstständig abgefasst wurden«.[32]

Für die Exilforschung steht die Autorenschaft ohnehin fest. Als Handbuchwissen gilt, dass Tacitus Redivivus tatsächlich Max Hochdorf war.[33] Der am 18. März 1880 in Stettin geborene Sohn einer jüdischen Familie besuchte in seiner Heimatstadt das Gymnasium und studierte anschließend Jura, Linguistik und Slawistik in München und Genua. Seit 1903 arbeitete er als Reisejournalist, Theater- und Kulturkritiker für SPD-eigene Blätter wie den *Vorwärts* oder das *Acht-Uhr-Abendblatt*, aber auch als Korrespondent des *Berliner Tageblatts* in Paris und Brüssel. Seit 1918 lebte er in Berlin und verdiente seinen Lebensunterhalt als Pressechef der Deutschen Bühnengenossenschaft sowie Übersetzer aus dem Französischen, verfasste aber weiterhin Kritiken vor allem im *Vorwärts* sowie Dramen und Erzählungen. An der Universität Fribourg in der Schweiz wurde er 1920 mit einer schon 1919 als Buch erschienenen Dissertation *Zum geistigen Bilde Gottfried Kellers* promoviert.

Hochdorf war Mitglied der SPD und engagierte sich politisch – und zwar ohne Scham vor Kritik. Zum Beispiel veröffentlichte er Anfang Mai 1930 unter dem Titel *Rosa Luxemburg. Das Leben einer Revolutionärin* eine Biografie der kommunistischen Märtyrerin, die heftige Reaktionen verursachte. Der erste Rezensent des *Abend* bemängelte noch zurückhaltend: »Hochdorf lässt sich in die Durchdringung und Auswertung des theoretischen Hauptwerkes von Rosa Luxemburg kaum ein, so wünschenswert es gewesen wäre.«[34]

Schärfer wurde der ehemalige SPD-Reichkanzler Hermann Müller, genannt Müller-Franken, der 1918/19 noch zu den erklärten Gegnern Luxemburgs gehört hatte. Er polterte: »Max Hochdorfs Schilderungen genügen in keiner Weise den Ansprüchen, die wir in eine Biographie Rosa Luxemburgs zu stellen haben. In diesem Stil sollte sich niemand an Rosa Luxemburg versündigen, die die klare Sprache in Wort und Schrift liebte und der die schillernde Phrase stets ein Gräuel war. Und gar die sensationelle Aufmachung! Kapitelüberschriften sind unter anderem ›Die blutige Rosa‹, ›Immer die Kleinste‹, ›Der Riese und die Zwergin‹. Mit Schrecken denkt der geduldige Leser an die Bemerkung zu Beginn des Buches: ›Recht der Verfilmung vorbehalten‹.« Fast bösartig schloss der Rezensent seine Besprechung: »Weder nach der politischen noch nach der ökonomischen Seite ist Hochdorfs Buch eine wertvolle Ergänzung.«[35]

Das mochte der Autor nicht auf sich sitzen lassen, sondern schoss scharf zurück: »Hermann Müller-Franken berichtigt Irrtümer meines Luxemburg-Buches und irrt sich dabei selber.« Da schon nach acht Wochen eine zweite, korrigierte Auflage notwendig war, ätzte Hochdorf: »Ich bedaure, Hermann Müller durch diese letzte Feststellung sagen zu müssen, dass immer mehr leichtfertige Leute den Wunsch hegen, meine von ihm so scharf getadelten ›schillernden Phrasen‹ zu lesen.« Der ehemalige Reichskanzler antwortete: »Meine Kritik war in der Sache berechtigt und in der Form schonend. Sie hat mir den Dank von Genossen eingetragen, die Rosa Luxemburg wirklich gekannt haben.«[36] Vermutlich war damit Luise Kautsky gemeint, die eine Woche später nachlegte und Hochdorf »unglaubliche Schlampereien« vorwarf. Das Kratzen am Mythos um die vermeintliche Märtyrerin bestrafte Luise Kautsky mit einer hochpersönlichen Attacke: »Umso bedauerlicher, dass sich Hochdorf als viel zu klein erweist, um der Größe der Aufgabe, die er sich gestellt, auch nur annähernd gewachsen zu zeigen.«[37]

Vielleicht bewog die Härte dieser Reaktionen Max Hochdorf, für seine im Herbst 1930 verfasste Streitschrift *Die große Trommel* ein Pseudonym zu verwenden. Er begann das Buch sicher nach dem Erdrutschsieg der NSDAP bei der Reichstagswahl und schloss es wohl Ende Oktober ab; ausgeliefert wurde es Anfang Dezember 1930. Sicher hatte er sich eine breitere Resonanz auf diesen Titel gewünscht, doch selbst dafür aktiv werben konnte er kaum. Für die Zeitgenossen jedenfalls bestand kein Zweifel, dass diese Schrift aus dem SPD-Umfeld stammte, wie die Unterstützung der Karlsruher Parteibuchhandlung belegte.

Herausgebracht hatte *Die große Trommel* die Deutsch-Schweizerische Verlagsanstalt in Zürich. Es handelte sich um den neuen Namen des Eigenbrödler-Verlages, den Willy Stuhlfeld 1919 in der Berliner Mohrenstraße 51 gegründet hatte.[38] Der kleine, aber sehr aktive Verlag brachte vor allem schöne Literatur und Bücher mit Theaterbezug heraus, aber auch großformatige und reich bebilderte Kulturgeschichten. Max Hochdorf ließ hier im November 1930 seine Essay-Sammlung *Ebenbilder*

Gottes erscheinen, kurz vor der Auslieferung der Streitschrift *Die große Trommel*. Bald darauf allerdings übernahm S. Fischer die Deutsch-Schweizerische Verlagsanstalt, vormals Eigenbrödler-Verlag; das Verlagsarchiv gilt als verschollen.

Max Hochdorf veröffentlichte sein nächstes Buch, eine Abhandlung über den langjährigen SPD-Chef August Bebel mit dem Untertitel *Geschichte einer politischen Vernunft*, 1932 im Berliner Verlag für Kulturpolitik. Der Band war wiederum thesengetrieben, dem Autor ging es darum, die deutsche Republik zu verteidigen, die »gegründet wurde von den Schülern und Erben der biblischen Vernunft«.[39] Die *Vossische Zeitung* lobte das »liebevolle Lebensbild«, das *Berliner Tageblatt* fand das Buch »interessant«.[40]

Doch als dieser Band erschien, stand ein radikaler politischer Umbruch bevor. Im Januar 1933 führte ein Intrigenspiel rund um das Reichspräsidentenpalais dazu, dass Paul von Hindenburg seinen Widerwillen gegen den »böhmischen Gefreiten« Adolf Hitler überwand und den NSDAP-Chef am 30. Januar zum Kanzler eines reaktionären Koalitionskabinetts ernannte.[41] Max Hochdorf reiste umgehend nach Brüssel und kehrte nicht mehr nach Deutschland zurück. Seinen vorwiegend schöngeistigen Titeln blieb es erspart, rituell auf Scheiterhaufen verbrannt zu werden; auch *Die große Trommel* findet sich auf keiner Liste der fanatischen nationalsozialistischen Studenten, die im Frühjahr 1933 Bibliotheken »säuberten«. 1936 zog Hochdorf, der in verschiedenen deutschsprachigen Exilzeitungen und -zeitschriften weiter publizierte, ins schweizerische Ascona, wo er aber keine Arbeitserlaubnis erhielt. Das von Thomas Mann unterstützte Bemühen um ein Stipendium für den inzwischen 58-Jährigen führte 1938 zu nichts. Hochdorf kehrte nach Brüssel zurück, wo er sich während der deutschen Besatzung 1940 bis 1944 versteckte. Hier starb er, kurz vor seinem 68. Geburtstag, am 18. Februar 1948.

Der Chefredakteur der deutsch-jüdischen New Yorker Wochenzeitung *Aufbau*, Manfred George, widmete seinem alten Bekannten und Kollegen Max Hochdorf einen sehr persönlichen Nachruf: »Als ich ihn zum letzten Mal vor eineinhalb Jahren in seinem Exil in Brüssel traf, wo er die Hitler-Zeit unter falschem Namen durchgestanden hatte, da war alle Vergangenheit von ihm abgefallen. Er war ein weiser alter Herr geworden.« Weil Flucht, Exil und Überleben im Versteck ihn hatten verarmen lassen, aß Max Hochdorf »in einer jüdischen Volksküche, wo man nichts von ihm wusste, aber ihn den ›Professor‹ nannte und in allen Fragen, ob es um Devisen, Philosophie, Ehezwiste oder geeignete Stellen für Grenzübertritte handelte, um Rat fragte. Er gab ihn gratis und reichlich.« George schloss seinen Artikel: »So war er ein einsamer und verlassener Arbeiter im Gedankenweinberg des Herrn, aber er war fröhlich.«[42]

Sven Felix Kellerhoff

1 *Volksfreund* (Karlsruhe) v. 11. Dezember 1930.
2 *Der Abend* (Wien) v. 7. Januar 1931.
3 Plöckinger: Geschichte eines Buches, S. 359, Anm. 954 verweist auf zwei weitere Rezensionen. Die katholische Zeitschrift *Gral* habe die Schrift als »satyrisch« abgetan, weil sie »Hitler als den großen Jahrmarktschreier« darstelle. Laut der Verbandszeitschrift des katholischen Cartellverbandes Academia habe Tacitus Redivivus' Schrift »viel Aufsehen erregt, wenngleich sie von der NSDAP ignoriert worden« sei.
4 *Sozialistische Monatshefte* v. 16. März 1931, S. 270.
5 Selbst Scholdt: Autoren über Hitler, S. 673 geht über eine kurze Erwähnung des Bandes nicht hinaus. Walter C. Langer nahm den Titel in das Literaturverzeichnis der Buchhandelsausgabe seiner 1943 verfassten Psychostudie *The Mind of Adolf Hitler* auf; ansonsten gibt es keinen Hinweis darauf, dass er sich damit auseinandergesetzt hätte. Vgl. Langer: The Mind, S. 276.
6 Tacitus Redivivus: Die große Trommel, S. 144.
7 *Völkischer Beobachter* v. 17./18. August 1930.
8 *Völkischer Beobachter* v. 20./21. Juli 1930 u. *Illustrierter Beobachter* v. 16. August 1930.
9 Kessler: Tagebücher 1926–1937, S. 375.
10 Tacitus Redivivus: Die große Trommel, S. 19 f.
11 Vgl. Anm. zu Tacitus Redivivus: Die große Trommel, S. 117 u. S. 186.
12 Vgl. Plöckinger: Frühe biographische Texte, S. 100–103 u. https://www.welt.de/geschichte/article158741017/Bizarrer-Historikerstreit-ueber-Hitler-eskaliert.html.
13 Vgl. Scholdt: Autoren über Hitler, S. 474–497.
14 Tacitus Redivivus: Die große Trommel, S. 12.
15 Tacitus Redivivus: Die große Trommel, S. 14.
16 Vgl. Weber: Hitlers erster Krieg, S. 44–164.
17 Tacitus Redivivus: Die große Trommel, S. 21, S. 23 u. S. 33.
18 Tacitus Redivivus: Die große Trommel, S. 53.
19 Tacitus Redivivus: Die große Trommel, S. 113 f.
20 Tacitus Redivivus: Die große Trommel, S. 16.
21 Tacitus Redivivus: Die große Trommel, S. 41.
22 Tacitus Redivivus: Die große Trommel, S. 40.
23 Hitler: Mein Kampf, S. 72 (Volksausgabe 1939); Hartmann u. a. (Hrsg.): Hitler, Mein Kampf, Bd. 2, S. 1718 f. sowie Tacitus Redivivus: Die große Trommel, S. 43; vgl. Kellerhoff: »Mein Kampf«, S. 255 f. Der zweite Halbsatz bezieht sich auf Hitlers Bekenntnis zum Widerstandsrecht; vgl. Kellerhoff: »Mein Kampf«, S. 167 f.
24 Tacitus Redivivus: Die große Trommel, S. 57.
25 Vgl. Pommerin: Die Ausweisung, S. 311–332.
26 Vgl. Langer: The Mind, S. 276 u. Scholdt: Autoren über Hitler, S. 673.
27 Plöckinger: Geschichte eines Buches, S. 358 f.
28 Plöckinger: Geschichte eines Buches, S. 358, Anm. 952.
29 Schultze-Pfaelzer: Anti-Hitler.

30 Plöckinger: Geschichte eines Buches, S. 358, Anm. 952.
31 Vgl. Kellerhoff: »Mein Kampf«, S. 60.
32 *Miesbacher Anzeiger* v. 29. Juli 1925, zit. n. Plöckinger (Hrsg.): Quellen und Dokumente, S. 174.
33 Strauss/Röder (Hrsg.): International Biographical Dictionary of Central European Emigrés, Bd. II/1, S. 522.
34 *Abend* v. 13. Mai 1930.
35 *Abend* v. 23. Juni 1930.
36 *Abend* v. 4. Juli 1930.
37 *Abend* v. 11. Juli 1930.
38 *Deutsche Allgemeine Zeitung* v. 26. November 1930.
39 *Vorwärts* v. 2. Dezember 1932; vgl. *Der Sozialdemokrat* (Prag) v. 6. Januar 1933.
40 *Vossische Zeitung* v. 23. November 1932 u. *Berliner Tageblatt* v. 8. Januar 1933.
41 Vgl. Kellerhoff: Die NSDAP, S. 262–267.
42 *Aufbau* v. 27. Februar 1948.

ANHANG

Anmerkungen

Aus Hitlerliedern

S. 7, Lied 1 Aus dem SA-Lied »Braun sind die Hemden«.
S. 7, Lied 2 Aus dem Lied »Brüder in Zechen und Gruben«.
S. 7, Lied 3 Aus einem »Kampflied« der NSDAP
S. 7, Lied 4 Aus einem »Marschlied der SA und SS«.
S. 7, Lied 5 Aus dem »Sturmlied« von Dietrich Eckart.
S. 7, Lied 6 Aus dem »Lied der Radfahr-Kompagnie«.
S. 7, Lied 7 Vgl. *Vorwärts* v. 25. Juli 1924.

Von Braunau bis München

S. 9, Z. 2 neuen Reichstag Die NSDAP erhielt bei den vorgezogenen Reichstagswahlen am 14. September 1930 fast 6,38 Millionen Stimmen und lag damit nach der SPD mit 8,575 Millionen Stimmen und weit vor der KPD (4,39 Millionen) auf dem zweiten Platz. Vgl. Kellerhoff: Die NSDAP, S. 223–228.

S. 10, Z. 14 Wahlsonntag Das Ergebnis stand am späten Abend des 15. September 1930 fest. Vgl. Goebbels: Tagebücher, Bd. 2/I, S. 240.

S. 10, Z. 23 ins deutsche Parlament Vor der Reichstagswahl am 6. Juni 1920 war zwar eine Wahlanzeige im *Völkischen Beobachter* erschienen (VB v. 15. Mai 1920), doch vier Tage später beendete Hitler die erste Kandidatur der NSDAP schon wieder: »Uns fehlt Geld, und deshalb mussten wir vom Wahlkampf absehen.« Jäckel/Kuhn (Hrsg.): Hitler, S. 134.

S. 10, Z. 29 »dritte Reich« Das Schlagwort »Drittes Reich« hat eine längere Begriffsgeschichte, die Übernahme ins NS-Vokabular ist nicht völlig geklärt. Vgl. Schmitz-Berning: Vokabular des Nationalsozialismus, S. 156–160.

S. 11, Z. 5 Lautsprecher Erstmals am 16. November 1928 sprach Hitler über Mikrofon und Lautsprecher zu seinen Anhängern, im vollbesetzten Sportpalast in Berlin. Vgl. *Illustrierter Beobachter* v. 24. November 1928 u. Hitler: Reden – Schriften – Anordnungen, Bd. 3, S. 236–240.

S. 11, Z. 17 f. Hochverratunternehmens Vgl. Antrag des I. Staatsanwalts beim Volksgericht München I auf Anberaumung der Hauptverhandlung (Anklageschrift) vom 8. Januar 1924, in: Gruchmann/Weber/Gritschneder (Hrsg.): Der Hitler-Prozess, Bd. 1, S. 313.

S. 11, Z. 21 »Mein Kampf« Vgl. Kellerhoff: »Mein Kampf«, S. 51–59 u. passim.

S. 11, Z. 29 [...] verurteilt hatte. Vgl. Hitler: Mein Kampf, S. XXVII (Volksausgabe 1939); vgl. Hartmann u. a. (Hrsg.): Hitler, Mein Kampf, Bd. 1, S. 89.

S. 12, Z. 13–17 [...] nachdenken sollten. Vgl. Hitler: Mein Kampf, S. 1 (Volksausgabe 1939), vgl. Hartmann u. a. (Hrsg.): Hitler, Mein Kampf, Bd. 1, S. 1.

S. 12, Z. 25 Wacht am Rhein Gemeint ist »Die Wacht am Rhein«, nationalistisches Lied von Max Schneckenburger und Carl Wilhelm, seit 1871 inoffizielle Nationalhymne des Deutschen Kaiserreichs.

S. 13, Z. 3 f. [...] **zu laufen.** Vgl. Hitler: Mein Kampf, S. 3 (Volksausgabe 1939); vgl. Hartmann u. a. (Hrsg.): Hitler, Mein Kampf, Bd. 1, S. 99.
S. 13, Z. 8 f. »[...] **gemeinsames Reich.**« Hitler: Mein Kampf, S. 1 (Volksausgabe 1939); vgl. Hartmann u. a. (Hrsg.): Hitler, Mein Kampf, Bd. 1, S. 93.
S. 13, Z. 26 15 Jahren Hitlers Vater Alois starb am 3. Januar 1903, Mutter Klara am 21. Dezember 1907, als ihr Sohn Adolf 18 Jahre und acht Monate alt war.
S. 13, Z. 30 f. [...] **kleidsame Priestertracht.** Vgl. Hitler: Mein Kampf, S. 4 (Volksausgabe 1939); vgl. Hartmann u. a. (Hrsg.): Hitler, Mein Kampf, Bd. 1, S. 99.
S. 14, Z. 2 mehrmals am Tage Uniform [...] **wechseln** Anspielung auf Kaiser Wilhelm II., dessen Neigung, mehrmals am Tag seine Uniformen zu wechseln, im Kaiserreich sprichwörtlich war.
S. 14, Z. 7 Handwerkslehrzeit Hitler hat nie eine Lehre begonnen, gleich in welchem Gewerke. Mutmaßlich eine irreführende Interpolation von Tacitus Redivivus.
S. 14, Z. 17 Architekturzeichner Hitler hat nie Architekturzeichner gelernt. Tacitus Redivivus missversteht Hitlers Schilderung seiner angeblichen Begabung als Zeichner. Vgl. Hitler: Mein Kampf, S. 18 f. (Volksausgabe 1939); vgl. Hartmann u. a. (Hrsg.): Hitler, Mein Kampf, Bd. 1, S. 131 f.
S. 14, Z. 31 Handwerker Handwerker war Adolf Hitler nie. In *Mein Kampf* behauptete er, dass er »als sogenannter Hilfsarbeiter und manches Mal als Gelegenheitsarbeiter versuchen musste, mir das tägliche Brot zu schaffen«. Hitler: Mein Kampf, S. 24 (Volksausgabe 1939); vgl. Hartmann u. a. (Hrsg.): Hitler, Mein Kampf, Bd. 1, S. 143. Tatsächlich verfügte er in den ersten anderthalb Jahren seiner Zeit in Wien über erhebliche Mittel aus seinem Erbe. Vgl. Kellerhoff: »Mein Kampf«, S. 104 f.
S. 15, Z. 6 f. [...] **offenbart haben.** Vgl. Hitler: Mein Kampf, S. 14 (Volksausgabe 1939); Hartmann u. a. (Hrsg.): Hitler, Mein Kampf, Bd. 1, S. 121.
S. 15, Z. 7–10 [...] **stolzen Jungen.** Vgl. Hitler: Mein Kampf, S. 23 (Volksausgabe 1939); Hartmann u. a. (Hrsg.): Hitler, Mein Kampf, Bd. 1, S. 139.
S. 15, Z. 17 den Handwerksburschen Hitlers Familie gehörte zum Bürgertum. Sein Vater war mittlerer Beamter und nach seinem Ausscheiden aus dem Staatsdienst selbstständiger Landwirt mit eigenem Grund und Boden. Seine Witwe Klara hatte 1903 bis 1907 jährlich etwa 1900 Kronen zur Verfügung, um sich und die beiden jugendlichen Kinder Adolf und Paula zu ernähren – das war etwa doppelt so viel, wie ein Lehrer als Einstiegsgehalt pro Jahr erhielt. Vgl. Kellerhoff: »Mein Kampf«, S. 102–104.
S. 15, Z. 23 f. »[...] **kerndeutsches Schicksal.**« Hitler war niemals als Arbeiter oder gar Hilfsarbeiter tätig. Nach dem Aufbrauchen seiner Mittel lebte er einige Monate als Stadtstreicher und kam in Obdachlosenasylen unter.
S. 15, Z. 29–31 [...] **nicht hergeben.** Vgl. Hitler: Mein Kampf, S. 40–43 (Volksausgabe 1939); Hartmann u. a. (Hrsg.): Hitler, Mein Kampf, Bd. 1, S. 173–177.
S. 16, Z. 16 Weltpest des Marxismus Vgl. Hitler: Mein Kampf, S. 46 (Volksausgabe 1939); Hartmann u. a. (Hrsg.): Hitler, Mein Kampf, Bd. 1, S. 185. Tatsächlich »erfand« Hitler das Wort »Weltpest« nicht schon in seiner Wiener

Zeit, sondern benutzte es erstmals nachweislich in *Mein Kampf* 1924. Vgl. Hartmann u. a. (Hrsg.): Hitler, Mein Kampf, Bd. 1, S. 184, Anm. 120.

S. 16, Z. 18 f. [...] der Begüterten. Vgl. Hitler: Mein Kampf, S. 60–65 (Volksausgabe 1939); Hartmann u. a. (Hrsg.): Hitler, Mein Kampf, Bd. 1, S. 209–221.

S. 16, Z. 24 f. Antimarxisten und Antisemiten Wann Hitler tatsächlich zum Antisemiten wurde, ist Gegenstand umfangreicher Forschungskontroversen. Tacitus Redivivus gibt hier Hitlers Selbstdarstellung wieder, die aber mit Sicherheit falsch ist. Sehr wahrscheinlich wurde Hitler erst im Frühjahr und Sommer 1919 allerdings sehr schnell zum pathologischen Judenhasser. Vgl. Reuth: Hitlers Judenhass, S. 103–191 u. Kellerhoff: »Mein Kampf«, S. 90–98.

S. 17, Z. 21 f. Lueger und [...] Schoenerer Karl Lueger (1844 bis 1910) stammte aus einfachen Verhältnissen und konnte dank Stipendien studieren. Er gründete die Christlichsoziale Partei und war seit 1897 Bürgermeister von Wien. In seine Amtszeit fällt der prägende Modernisierungsschub der Metropole. Mit Antisemitismus band er Teile des Wiener Proletariats an sich. Hitler erklärte ihn später zu einer für ihn prägenden Figur. Vgl. Hitler: Mein Kampf, S. 58 f. (Volksausgabe 1939); Hartmann u. a. (Hrsg.): Hitler, Mein Kampf, Bd. 1, S. 207–209. Georg von Schönerer (1842 bis 1921) stammte aus großbürgerlichen Verhältnissen und lebte als Gutsherr sowie Politiker. Überzeugter Antisemit, verlor er nach einem Überfall auf eine Zeitungsredaktion 1888 seinen ererbten Adelstitel. Seine antisemitische Bewegung blieb stets eine Splittergruppe, obwohl sie einige wenige Parlamentsmandate errang und verteidigte.

S. 18, Z. 8 »Los von Rom« Tacitus Redivivus irrt. Das Schlagwort »Los von Rom« prägte der junge Arzt Theodor Georg Rakus 1897; Schönerer übernahm den Begriff nur von ihm. Vgl. Theologische Realenzyklopädie Bd. 21 (1991), S. 469–471.

S. 19, Z. 4 f. wanderte er nach München aus In Wirklichkeit flüchtete Hitler Ende Mai 1913 vor der Einberufung in die k. u. k. Armee nach München. Vgl. Kellerhoff: »Mein Kampf«, S. 108–114.

S. 19, Z. 8 f. gegen die Juden Es gibt keinen Beleg, dass Hitler bereits vor 1919 Antisemit gewesen wäre. Tacitus Redivivus folgt hier der Selbstdarstellung in *Mein Kampf*.

S. 20, Z. 3 München von 1912 bis 1914 In *Mein Kampf* behauptete Hitler, er sei 1912 nach München gekommen – mutmaßlich, um den wahren Grund für seine Flucht aus Wien zu verschleiern. Vgl. Hitler: Mein Kampf, S. 138 (Volksausgabe 1939); Hartmann u. a. (Hrsg.): Hitler, Mein Kampf, Bd. 1, S. 372 f., bes. Anm. 1.

S. 20, Z. 8 nicht arbeitsscheu Tacitus Redivivus glaubte Hitler die Selbstdarstellung von harter Arbeit. In Wirklichkeit vermied er schon in Wien und ebenso in München jeden ehrlichen Erwerb, sondern lebte in den Tag hinein, auch wenn ihn das an den Rand der Gesellschaft brachte.

S. 20, Z. 27 f. »[...] wäre ich 1813 geboren [...]« Hier fasste Tacitus Redivivus die für Hitler typische Erzählung des Mythos um 1813 und die Befreiungskriege in ein offenbar frei erfundenes Zitat. 1813 ist ein in zahlreichen Hitler-Reden aufscheinendes Motiv.

S. 21, Z. 2 f. Ermordung des österreichischen Thronfolgers Auf die Nachricht vom Mord an Franz Ferdinand reagierte Hitler seiner eigenen Darstellung zufolge besorgt, weil er fürchtete, die Kugeln könnten von deutschen (oder deutschösterreichischen) Studenten abgefeuert worden sein, die den »größten Slawenfreund« hätten umbringen wollen. Vgl. Hitler: Mein Kampf, S. 174 (Volksausgabe 1939); Hartmann u. a. (Hrsg.): Hitler, Mein Kampf, Bd. 1, S. 445–449. Die von Tacitus Redivivus paraphrasierte Reaktion Hitlers soll sich am 2. August 1914 zugetragen haben, nach Bekanntwerden der deutschen Kriegserklärung an Russland. Vgl. Hitler: Mein Kampf, S. 177 (Volksausgabe 1939); Hartmann u. a. (Hrsg.): Hitler, Mein Kampf, Bd. 1, S. 453, bes. Anm. 29.

S. 21, Z. 12 eiserne Kreuz Hier saß Tacitus Redivivus einem geläufigen Missverständnis auf – ausgezeichnet wurden üblicherweise eher »Offiziersburschen und Ordonnanzen bei den hinteren Befehlsstellen [...] als selbst tapfere Offiziere im Graben«, wie Hitlers Regimentskamerad Josef Stettner in einem Zeitungsartikel v. 3. März 1932 schrieb. Thomas Weber urteilt darauf und auf ähnliche Quellen gestützt: »Hitlers Eisernes Kreuz Erster Klasse war weniger ein Beweis für Tapferkeit als für seine Stellung und seinen langjährigen Dienst im Regimentshauptquartier.« Weber: Hitlers erster Krieg, S. 286.

S. 21, Z. 12 Er wird Offizier. Hitler wurde nie Offizier.

Hitler entdeckt seine Idee

S. 23, Z. 4 f. auf die trockene Erde zurückklettern Tacitus Redivivus durchschaute Hitlers Selbstinszenierung als angeblicher Frontsoldat nicht. Tatsächlich befand sich der spätere »Führer« während des Ersten Weltkriegs nur höchst selten im »schlammigen Schützengraben«, meist jedoch im Regimentsgefechtsstand oder auf dem Weg zu oder von den Bataillonsgefechtsständen, die immer noch einen bis anderthalb Kilometer hinter der Hauptkampflinie, der eigentlichen Front, lagen.

S. 23, Z. 5 f. Das Kriegshandwerk hatte ihm [...] behagt. Tatsächlich fühlte sich Hitler wohl niemals später wieder so wohl wie in der kleinen Gemeinschaft der Regiments-Meldegänger. Vgl. Ullrich: Hitler, Bd. 1, S. 73 f.

S. 23, Z. 13 f. [...] Heldentitel nicht verweigern. Hier kam Tacitus Redivivus Hitler unverdient weit entgegen. Es handelt sich vermutlich um einen Reflex auf die schon in den 1920er-Jahren gelegentlich öffentlich aufscheinende Kritik an Hitlers Selbstdarstellung als Frontsoldat. Vgl. Weber: Hitlers erster Krieg, S. 345–347.

S. 24, Z. 11 ein Plan Tacitus Redivivus beschreibt Hitlers Vorstellungen durchaus zutreffend, die allerdings nie einem Plan folgten, sondern stets instinktiv waren.

S. 24, Z. 18 Propaganda Diese Beobachtung entspricht der später gängigen Formel, Hitler sei zuerst »Trommler« der »Bewegung« gewesen, bevor er zu deren »Führer« wurde. Tatsächlich hatte er spätestens bei der Vorstellung des *25-Punkte-Programms* am 20. Februar 1920 die Vorstellung, ein reiner Propagandist der Idee zu sein, hinter sich gelassen; vgl. Kellerhoff: Die NSDAP, S. 44–48.

S. 25, Z. 5 [...] Gewalt unterwerfe. Vgl. Hitler: Mein Kampf, S. 44f. (Volksausgabe 1939); Hartmann u. a. (Hrsg.): Hitler, Mein Kampf, Bd. 1, S. 180f., bes. Anm. 114.

S. 26, Z. 4 »[...] Terror entgegentritt.« Hitler: Mein Kampf, S. 46 (Volksausgabe 1939); Hartmann u. a. (Hrsg.): Hitler, Mein Kampf, Bd. 1, S. 183.

S. 26, Z. 8 die Gewerkschaften Es gibt kein Indiz, dass Hitler sich in Wien oder München mit Gewerkschaftsfunktionären angelegt hätte. Tacitus Redivivus gibt hier Hitlers wohl unzutreffende Selbstbeschreibung wieder.

S. 26, Z. 14 f. »[...] Wirtschaft« Hitler: Mein Kampf, S. 51 (Volksausgabe 1939); Hartmann u. a. (Hrsg.): Hitler, Mein Kampf, Bd. 1, S. 193.

S. 27, Z. 18 f. [...] Massnahmen misslingen. Vgl. Hitler: Mein Kampf, S. 80–86 (Volksausgabe 1939); Hartmann u. a. (Hrsg.): Hitler, Mein Kampf, Bd. 1, S. 76–81.

S. 27, Z. 29 durchgegrübelt Weder in den Erinnerungen seiner Kameraden aus dem Regimentsstab noch in seinen wenigen Briefen und Karten aus dem Krieg gibt es einen Beleg, dass Hitler 1914 bis 1918 über politische Fragen »gegrübelt« hätte.

S. 28, Z. 1 f. Mann vom Hitlerschen Schlage Diese Bemerkung bezieht sich auf eines der bekanntesten Zitate aus *Mein Kampf*: »Ich aber beschloss, Politiker zu werden.« Hitler: Mein Kampf, S. 225 (Volksausgabe 1939); Hartmann u. a. (Hrsg.): Hitler, Mein Kampf, Bd. 1, S. 557.

S. 28, Z. 20 f. [...] oberflächlich gelesen? Vgl. zu Hitlers Art der Lektüre Kellerhoff: »Mein Kampf«, S. 65–69.

S. 28, Z. 25 »[...] Hohlköpfen« Hitler: Mein Kampf, S. 86 (Volksausgabe 1939); Hartmann u. a. (Hrsg.): Hitler, Mein Kampf, Bd. 1, S. 269.

S. 29, Z. 3 »[...] Trägheit der Masse?« Hitler: Mein Kampf, S. 86 (Volksausgabe 1939); Hartmann u. a. (Hrsg.): Hitler, Mein Kampf, Bd. 1, S. 271.

S. 29, Z. 11 »[...] Grundgedanken der Natur.« Hitler: Mein Kampf, S. 87 (Volksausgabe 1939); Hartmann u. a. (Hrsg.): Hitler, Mein Kampf, Bd. 1, S. 271; vgl. Hitler: Mein Kampf, S. 421 (Volksausgabe 1939); Hartmann u. a. (Hrsg.): Hitler, Mein Kampf, Bd. 1, S. 981.

S. 29, Z. 29 »[...] des Führers« Hitler: Mein Kampf, S. 99 (Volksausgabe 1939); Hartmann u. a. (Hrsg.): Hitler, Mein Kampf, Bd. 1, S. 295.

S. 29, Z. 30 der Führer Der Begriff »Führer« steht in den 1920er-Jahren als gängige Bezeichnung für politisch dominierende Köpfe; vgl. Schmitz-Berning: Vokabular des Nationalsozialismus, S. 240–245. Auch in *Mein Kampf* benutzt Hitler dieses Wort mehrfach für die Spitzenvertreter der Sozialdemokratie, in seiner Wahrnehmung natürlich allesamt »Juden«. Vgl. Hitler: Mein Kampf, S. 64f. (Volksausgabe 1939); Hartmann u. a. (Hrsg.): Hitler, Mein Kampf, Bd. 1, S. 221–223.

S. 30, Z. 26 [...] Mandat verwalten. Hitler: Mein Kampf, S. 115 (Volksausgabe 1939); Hartmann u. a. (Hrsg.): Hitler, Mein Kampf, Bd. 1, S. 325.

S. 31, Z. 1 f. »[...] revolutionären Widerstands« Hitler: Mein Kampf, S. 118 (Volksausgabe 1939); Hartmann u. a. (Hrsg.): Hitler, Mein Kampf, Bd. 1, S. 331.

S. 31, Z. 15 f. »[...] sie zugrunde.« Hitler: Mein Kampf, S. 149 (Volksausgabe 1939); Hartmann u. a. (Hrsg.): Hitler, Mein Kampf, Bd. 1, S. 393.

S. 31, Z. 29–31 [...] zu sichern. Vgl. zu Hitlers Vorstellung der »vier Wege der deutschen Politik« Kellerhoff: »Mein Kampf«, S. 25–28.

S. 32, Z. 27–30 [...] Hitlersche Taktik. Tacitus Redivivus bezieht sich hier auf den in Frankreich 1929/30 im Zuge der Diskussion über die später als Maginot-Linie bekannte Verteidigungsanlage und die Räumung des linksrheinischen Gebietes laufenden Diskurs, in dem Sicherheit vor Deutschland weder in einer betonierten statischen Abwehr noch in internationalen Verträgen gesehen wurde, sondern in der Rückkehr zur Vorstellung der Rheingrenze.

S. 33, Z. 16 Propaganda Offensichtlich folgt Tacitus Redivivus hier der Erwähnung in Hitler: Mein Kampf, S. 159 (Volksausgabe 1939); Hartmann u. a. (Hrsg.): Hitler, Mein Kampf, Bd. 1, S. 413. Jedoch schreibt Hitler, er habe »nach den ersten Schlachttagen« in Flandern, also Ende Oktober 1914 und nicht im Sommer 1916, seine »ersten Betrachtungen über die Zweckmäßigkeit der Form der Propaganda angestellt«.

S. 35, Z. 5–7 [...] Konkurrenten anbeissen. Vgl. Hitler: Mein Kampf, S. 200 (Volksausgabe 1939); Hartmann u. a. (Hrsg.): Hitler, Mein Kampf, Bd. 1, S. 505.

S. 35, Z. 24 f. »[...] **praktischen Wirklichkeit«** Hitler: Mein Kampf, S. 229 (Volksausgabe 1939); Hartmann u. a. (Hrsg.): Hitler, Mein Kampf, Bd. 1, S. 567.

S. 35, Z. 26–28 »[...] **Erfolge sein«** Hitler: Mein Kampf, S. 230 (Volksausgabe 1939); Hartmann u. a. (Hrsg.): Hitler, Mein Kampf, Bd. 1, S. 569.

S. 35, Z. 30 Frühjahr 1919 Tatsächlich war Hitler erst Teilnehmer des dritten Propagandakurses der Reichswehr, der am 10. Juli 1919 begann. Vgl. Plöckinger: Unter Soldaten, S. 104.

S. 36, Z. 1–4 [...] begonnen hatten. Vgl. zum Ulmer Reichswehrprozess Bucher: Der Reichswehrprozess, S. 47–119.

S. 36, Z. 19 Münchener Sterneckerbräus Vgl. Kellerhoff: »Mein Kampf«, S. 127–129 u. Kellerhoff: Die NSDAP, S. 35–38.

Trommelfeuer gegen Sozialisten und Juden

S. 38, Z. 13 f. »**Deutsche Arbeiterpartie«** Tacitus Redivivus paraphrasiert hier die NSDAP-Legende über den Ursprung der Partei; vgl. etwa Dresler (Hrsg.): Dokumente der Zeitgeschichte, S. 81–88 u. Franz-Willing: Ursprung, S. 90–96. Zur tatsächlichen Vorgeschichte der NSDAP vgl. Kellerhoff: Die NSDAP, S. 20–31.

S. 38, Z. 22 Nr. 7 Hitler war nicht Mitglied Nr. 7 der DAP; sein erster Parteiausweis von Anfang 1920 trug die Nr. 555, wobei die Zählung bei 501 begonnen hatte. Tatsächlich aber war Hitler das siebte Mitglied des Parteivorstandes der DAP, der gesetzmäßig aus mindestens sechs Mitgliedern zu bestehen hatte. Vgl. Kellerhoff: Die NSDAP, S. 38–40 u. Kellerhoff: »Mein Kampf«, S. 127–129.

S. 38, Z. 22 f. Den Soldatenrock zog er aus. Offiziell schied Hitler erst zum 1. April 1920 aus der Reichswehr aus.

S. 38, Z. 27 f. [...] auch gleichgültig. Wann genau Hitler die beiden entscheidenden politischen Inhalte annahm, die ihn prägten, ist nicht völlig geklärt. Spätestens im Spätherbst 1919 aber prägten der wahnhafte Judenhass und der Wille, mit einem neuen Krieg die Lage Deutschlands zu verändern, sein Denken.

S. 39, Z. 6–8 [...] Häuser trug. Hitler: Mein Kampf, S. 389 (Volksausgabe 1939); Hartmann u. a. (Hrsg.): Hitler, Mein Kampf, Bd. 1, S. 915.

S. 39, Z. 11 f. [...] den Beratungen. Tatsächlich setzte sich Hitler mit einer Mischung aus Rücksichtslosigkeit und Härte gegen die Gründer der DAP durch; vgl. Kellerhoff: Die NSDAP, S. 40 f.

S. 39, Z. 13 f. »[...] hart wie Kruppstahl« Hitler: Mein Kampf, S. 392 (Volksausgabe 1939); Hartmann u. a. (Hrsg.): Hitler, Mein Kampf, Bd. 1, S. 919. Tacitus Redivivus antizipierte offensichtlich die Wirksamkeit der Formulierung – sie entwickelte sich zu einer der bekanntesten Phrasen aus *Mein Kampf*. 1935 beschrieb Hitler mit diesen Worten in einer Rede zur Hitlerjugend die Prinzipien der künftigen Erziehung aller Jugendlichen in NS-Deutschland und im Zweiten Weltkrieg wurde diese Wendung von der NS-Propaganda regelmäßig benutzt.

S. 39, Z. 26–28 [...] Brauereien übersiedeln. Die erste große Versammlung der DAP fand am 24. Februar 1920 im Festsaal Hofbräuhaus statt. Vgl. Kellerhoff: Die NSDAP, S. 43–46 u. Jäckel/Kuhn (Hrsg.): Hitler, S. 109–111.

S. 40, Z. 6 N.S.D.A.P. Zur Genese des Namens NSDAP vgl. Kellerhoff: Die NSDAP, S. 48–50.

S. 40, Z. 8–10 »[...] zur Wölfin.« Dieses Zitat entlehnte Tacitus Redivivus aus Hitler: Mein Kampf, S. 311 (Volksausgabe 1939); Hartmann u. a. (Hrsg.): Hitler, Mein Kampf, Bd. 1, S. 737 – natürlich um den Autor lächerlich zu machen. Dass Hitler die Formulierung in seinen Reden gebraucht hätte, wäre unbekannt und nach dem Zusammenhang auch unwahrscheinlich. Tacitus Redivivus war nicht der Einzige, dem diese Formulierung (die gleichwohl bis zu den letzten Ausgaben von *Mein Kampf* nie substanziell geändert wurde) besonders abstrus vorkam: »Die ganze Verlogenheit und Unwissenheit des Rassismus spricht aus diesen Sätzen, die auf den dümmsten Kerl als Leser spekulieren«, schrieb der Botaniker Hugo Iltis in seinem Buch *Der Mythus von Blut und Rasse*, S. 54.

S. 41, Z. 4 Der Jude [...] widerwärtig gewesen. Tacitus Redivivus folgt hier erneut Hitlers Selbstdarstellung, die aber mit Sicherheit falsch ist. Sehr wahrscheinlich wurde Hitler erst im Frühjahr und Sommer 1919 zum pathologischen Judenhasser, allerdings binnen weniger Wochen. Vgl. Reuth: Hitlers Judenhass, S. 103–191 u. Kellerhoff: »Mein Kampf«, S. 90–98.

S. 41, Z. 14–18 [...] Erde seien. Dieser offenkundig unüberbrückbare Widerspruch störte Hitler nie; so sagte er in seiner bekannten Rede vom 30. Januar 1939: »Wenn es dem internationalen Finanzjudentum in- und außerhalb Europas gelingen sollte, die Völker noch einmal in einen Weltkrieg zu stürzen, dann würde das Ergebnis nicht die Bolschewisierung der Erde und damit der Sieg des Judentums sein, sondern die Vernichtung der jüdischen Rasse in Europa.« Zit. n. *Völkischer Beobachter* v. 31. Januar 1939.

S. 41, Z. 19 Er redete jedem [...] zum Schnabel. Tatsächlich passte sich Hitler in seinen Reden der erwarteten Stimmung seiner Zuhörer an: Bei vornehmlich parteiinternen Auftritten nahm der Antisemitismus vor allem in den Wahlkämpfen ab 1930 einen größeren Raum ein als in den Versammlungen, die sich an ein eher allgemeines Publikum richteten.
S. 42, Z. 7 »Prometheus der Menschheit« Hitler: Mein Kampf, S. 317 (Volksausgabe 1939); Hartmann u. a. (Hrsg.): Hitler, Mein Kampf, Bd. 1, S. 755. In Hitlers dokumentierten Reden taucht die griechische Sagenfigur Prometheus nicht auf.
S. 42, Z. 13 »hebräische Volksverderber« Tacitus Redivivus gehört zu den ganz wenigen Publizisten, die diese nach 1945 berüchtigte Stelle aus *Mein Kampf* bereits vor 1933 zitierten. Hitler: Mein Kampf, S. 772 (Volksausgabe 1939); Hartmann u. a. (Hrsg.): Hitler, Mein Kampf, Bd. 2, S. 1718f. mit Anm. 73; vgl. Kellerhoff: »Mein Kampf«, S. 255–259.
S. 43, Z. 17f. »um [...] zu stossen« Hitler: Mein Kampf, S. 609 (Volksausgabe 1939); Hartmann u. a. (Hrsg.): Hitler, Mein Kampf, Bd. 2, S. 1371.
S. 43, Z. 22–25 [...] Täter auszustrecken. Offenbar hat Tacitus Redivivus hier keinen Zusammenhang zu Hitlers knapper wie präziser Beschreibung des Widerstandsrechts gesehen: »Staatsautorität als Selbstzweck kann es nicht geben, da in diesem Falle jede Tyrannei auf dieser Welt unangreifbar und geheiligt wäre. Wenn durch die Hilfsmittel der Regierungsgewalt ein Volkstum dem Untergang entgegengeführt wird, dann ist die Rebellion eines jeden Angehörigen eines solchen Volkes nicht nur Recht, sondern Pflicht.« Hitler: Mein Kampf, S. 104 (Volksausgabe 1939); Hartmann u. a. (Hrsg.): Hitler, Mein Kampf, Bd. 1, S. 303. Vgl. Kellerhoff: »Mein Kampf«, S. 167f.
S. 43, Z. 28f. den Katechismus Darin war sich Tacitus Redivivus einig mit einem Blatt des antisemitischen Alldeutschen Verbandes. Dieses sah in *Mein Kampf* ebenfalls den »Katechismus der Hitler-Bewegung«. *Deutsche Zeitung* v. 9. September 1925.
S. 44, Z. 15f. [...] gelohnt. Hitler: Mein Kampf, S. 609f. (Volksausgabe 1939); Hartmann u. a. (Hrsg.): Hitler, Mein Kampf, Bd. 2, S. 1373.
S. 44, Z. 20–24 »[...] hinrichten hat« Hitler: Mein Kampf, S. 610f. (Volksausgabe 1939); Hartmann u. a. (Hrsg.): Hitler, Mein Kampf, Bd. 2, S. 1377.
S. 44, Z. 28–31 »[...] werden kann.« Erstaunlicherweise spießt Tacitus Redivivus nicht auf, dass Hitler hier offensichtlich die Vorurteile durcheinandergehen. In dem Abschnitt in *Mein Kampf*, in dem diese Worte stehen, geht es um Juden, doch bezieht sich die Bemerkung über die »schwarzen Völkerparasiten« mutmaßlich auf die dunkelhäutigen französischen Besatzungssoldaten im Rheinland, denen in rechtsextremen Kreisen ein systematisches »Schänden« deutscher Frauen unterstellt wurde. Hitler: Mein Kampf, S. 630 (Volksausgabe 1939); Hartmann u. a. (Hrsg.): Hitler, Mein Kampf, Bd. 2, S. 1427; vgl. Pommerin: Sterilisierung, S. 7–22.
S. 45, Z. 19–24 »[...] Fäuste braucht.« Hitler: Mein Kampf, S. 367f. (Volksausgabe 1939); Hartmann u. a. (Hrsg.): Hitler, Mein Kampf, Bd. 1, S. 871–873.
S. 46, Z. 13–17 »[...] gegenüber durchsetzen.« Hitler: Mein Kampf, S. 384 (Volksausgabe 1939); Hartmann u. a. (Hrsg.): Hitler, Mein Kampf, Bd. 1, S. 903.

S. 46, Z. 18–22 [...] bürgerlichen Parteien. Offenbar ein unvollständiger Satz; jedenfalls wird nicht klar, was Tacitus Redivivus gemeint haben kann.
S. 46, Z. 27–S. 47, Z. 8 »[...] **auf Grösse.**« Hitler: Mein Kampf, S. 493 (Volksausgabe 1939); Hartmann u. a. (Hrsg.): Hitler, Mein Kampf, Bd. 2, S. 1125.
S. 47, Z. 28 f. »[...] *bestehende* **Ordnung**« Hitler: Mein Kampf, S. 508 (Volksausgabe 1939); Hartmann u. a. (Hrsg.): Hitler, Mein Kampf, Bd. 2, S. 1155.

Der Übermensch verbietet den Klassenkampf

S. 48, Z. 7–9 [...] zu zeigen. Tacitus Redivivus irrt. Gerade das Kapitel über die »Gewerkschaftsfrage« war Hitler besonders wichtig, was sich darin zeigt, dass nach Erscheinen des zweiten Bandes von *Mein Kampf* im *Völkischen Beobachter* eine eigenständige Besprechung dieses Kapitels gedruckt wurde; vgl. *Völkischer Beobachter* v. 24. Dezember 1926. Richtig lag Tacitus Redivivus allerdings hinsichtlich seines besonderen Störgefühls bei diesen Ausführungen Hitlers, denn ganz offensichtlich fremdelte Hitler sowohl in *Mein Kampf* wie in seinen späteren Reden mit allen ökonomischen Themen. Vgl. Hartmann u. a. (Hrsg.): Hitler, Mein Kampf, Bd. 2, S. 1511.
S. 48, Z. 10–12 »[...] **Glück bedeutet.**« Hitler: Mein Kampf, S. 676 (Volksausgabe 1939); Hartmann u. a. (Hrsg.): Hitler, Mein Kampf, Bd. 2, S. 1525.
S. 49, Z. 12–14 [...] erleichtert hätte. Es gibt kein Indiz, dass Hitler sich je ernsthaft mit Gewerkschaftsfunktionären angelegt hätte. Tacitus Redivivus glaubt Hitlers wohl unzutreffender Selbstbeschreibung.
S. 49, Z. 26–29 »[...] **Grösse ist.**« Tacitus Redivivus unterschlug hier vermutlich bewusst die genauere Bestimmung von »der nationalsozialistische Arbeitgeber«. Hitler: Mein Kampf, S. 676 (Volksausgabe 1939); Hartmann u. a. (Hrsg.): Hitler, Mein Kampf, Bd. 2, S. 1525.
S. 50, Z. 15 Vorbild, Mussolini Im Herbst 1930 betrachtete Hitler Mussolini tatsächlich noch als Vorbild; in *Mein Kampf* hatte er 1926 geschrieben: »Was Mussolini unter die Großen dieser Erde einreihen wird, ist die Entschlossenheit, Italien nicht mit dem Marxismus zu teilen, sondern, indem er den Internationalismus der Vernichtung preisgab, das Vaterland vor ihm zu retten.« Hitler: Mein Kampf, S. 774 (Volksausgabe 1939); Hartmann u. a. (Hrsg.): Hitler, Mein Kampf, Bd. 2, S. 1723. Vgl. Woller: Mussolini, S. 133–136.
S. 50, Z. 23–25 »[...] **Volksgemeinschaft.**« Hitler: Mein Kampf, S. 676 (Volksausgabe 1939); Hartmann u. a. (Hrsg.): Hitler, Mein Kampf, Bd. 2, S. 1525.
S. 52, Z. 11–14 »[...] **genommen, sein.**« Hitler: Mein Kampf, S. 681 (Volksausgabe 1939); Hartmann u. a. (Hrsg.): Hitler, Mein Kampf, Bd. 2, S. 1535.
S. 53, Z. 1 f. »[...] **nichts zu tun.**« Hitler: Mein Kampf, S. 650 (Volksausgabe 1939); Hartmann u. a. (Hrsg.): Hitler, Mein Kampf, Bd. 2, S. 1473. Die Passage ist innerhalb von *Mein Kampf* irritierend. Denn Hitler sieht sich selbst zum Zeitpunkt der Niederschrift des zweiten Bandes 1926 zweifelsohne gleichermaßen als »Führer« wie als Vordenker, längst nicht mehr nur als »Trommler« für die Ideen anderer.
S. 53, Z. 27 Herren des Moskauer Kremls Tacitus Redivivus beschreibt hier die Mechanismen der Alleinherrschaft Stalins, die erst im Zuge des Kampfes

gegen Trotzki und andere »Abweichler« deutlich wurden. Erstaunlicherweise registrierte er allerdings nicht, dass sich auch Stalin seit Ende 1929 als »Führer« bezeichnen ließ. Obwohl etwa der *Vorwärts* Stalin 1929/30 mehrfach als »Alleinherrscher« beschrieb, hielt Tacitus Redivivus hier am Plural fest.

S. 54, Z. 15 Goldmark Tacitus Redivus folgt hier der Selbstdarstellung Hitlers, der bei der Generalmitgliederversammlung der NSAP in München am 22. Mai 1926 behauptete: »Am 9. bzw. 10. und 11. November 1923 wurde die alte NSDAP aufgelöst. Das gesamte Vereinsvermögen, das 173000 Goldmark betrug, an Wertobjekten, Bankguthaben usw., wurde beschlagnahmt. Wo es hinkam, wissen wir nicht; das weiß niemand, auch die, die es genommen haben, wissen es nicht.« Hitler: Reden – Schriften – Anordnungen, Bd. 1, S. 439. Im etwa zeitgleich entstandenen zweiten Band von *Mein Kampf* schrieb Hitler: »Der sichtbare Erfolg dieser Handlung aber zeigte sich am 9. November 1923: Als ich vier Jahre vorher zur Bewegung kam, war nicht einmal ein Stempel vorhanden. Am 9. November 1923 fand die Auflösung der Partei, die Beschlagnahme ihres Vermögens statt. Dieses bezifferte sich einschließlich aller Wertobjekte und der Zeitung bereits auf über 170000 Goldmark.« Hitler: Mein Kampf, S. 669 (Volksausgabe 1939); Hartmann u. a. (Hrsg.): Hitler, Mein Kampf, Bd. 2, S. 1509. Tatsächlich bat Bayerns Generalstaatskommissar Gustav von Kahr am 18. Dezember 1923 beim Bayerischen Finanzministerium um finanzielle Unterstützung: »Ich möchte daher ersuchen, den Betrag von 3000 Goldmark, der zur Abfindung der 20 Angestellten benötigt und durch die vorhandenen Vermögensgegenstände reichlich gedeckt ist, dem Justizrat Pop vorschussweise zur Verfügung zu stellen.« Zit. n. Deuerlein (Hrsg.): Der Hitler-Putsch, S. 529. Außer Sachwerten wie Möbeln gab es demnach Ende 1923 kein nennenswertes Parteivermögen der NSDAP, was mit den verzweifelten Versuchen Hitlers korreliert, unter anderem Ende August 1923 in der Schweiz Devisen einzuwerben.

Das Programm

S. 55, Z. 13 Parteiprogramm der N.S.D.A.P. Hier irrt Tacitus Redivivus. Das *25-Punkte-Programm* der NSDAP wurde unmittelbar nach der öffentlichen Vorstellung am 24. Februar 1920 als Flugblatt verbreitet, allerdings als reiner Text ohne jede Erläuterung.

S. 55, Z. 16 Niederschrift des Programms Tatsächlich steht im Vorwort: »Der Parteitag 1926 in Weimar hat die Herausgabe einer Schriftenreihe gewünscht, die in kurzen, grundlegenden und programmatischen Abhandlungen alle wichtigen Gebiete unseres gesamten politischen Lebens behandeln sollte. Diese Hefte sollten ein ganz einheitliches und geschlossenes Bild davon geben, wie sich der Nationalsozialismus zu den verschiedenen Aufgaben unseres öffentlichen Lebens stellt, und wie er die Mängel und Fehler zu beseitigen gedenkt. […] Adolf Hitler hat mich mit der Herausgabe der Schriftenreihe beauftragt. Diese Hefte sollen das amtliche Schrifttum der Partei bilden.« Feder: Das Programm der NSDAP, S. 2f.

S. 56, Z. 5–9 »[...] gerüttelt wird.« Das Zitat ist zumindest nicht im Artikel des *Völkischen Beobachters* über die »Führertagung und Generalmitgliederversammlung« enthalten. Vgl. *Völkischer Beobachter* v. 2./3. September 1928.

S. 56, Z. 10–18 [...] erreichen« suchen. Tacitus Redivivus' Textgrundlage für diesen Absatz ist unklar. Die meisten der in Anführungszeichen aufgeführten Begriffe stammten weder aus dem originalen Programm noch standen sie in Feders erläuterter Version. Möglicherweise zitierte er aus einem Zeitungsbericht über das Programm oder die Tagung.

S. 56, Z. 27–30 »[...] Reich auszuweisen.« Punkt 7 des *25-Punkte-Programms*.

S. 57, Z. 6 f. [...] Nichtstaatsbürger sind. Vgl. Punkt 4 des *25-Punkte-Programms*: »Staatsbürger kann nur sein, wer Volksgenosse ist. Volksgenosse kann nur sein, wer deutschen Blutes ist, ohne Rücksichtnahme auf Konfession. Kein Jude kann daher Volksgenosse sein.«

S. 57, Z. 21–27 »[...] oder Gemeinden.« Punkte 13 u. 16 des *25-Punkte-Programms*.

S. 57, Z. 30 f. Markthallen mit [...] Privatständen So konkrete Vorstellungen für die Umsetzung dieses Punktes entwickelte zumindest die Parteiführung für diesen Punkt nie.

S. 58, Z. 20 bolschewistischen Machthaber Tacitus Redivivus weiß offenbar noch nicht, dass Stalin seit Herbst 1929 eine Politik der Zwangskollektivierung betrieb, die Millionen Menschen das Leben kostete.

S. 58, 26 f. »Konfession und Rasse,« Punkt 18 des *25-Punkte-Programms*.

S. 58, Z. 31 Ausbeutern seiner Rasse Wie Tacitus Redivivus entgegen dem Wortlaut zu dieser Interpretation kommt, ist unklar.

S. 59, Z. 6 Gewinnbeteiligung Punkt 14 des *25-Punkte-Programms*.

S. 59, Z. 25 f. Kinder [...] ausgebildet werden Punkt 20 des *25-Punkte-Programms*.

S. 59, Z. 28 Jugendausbildung Punkt 21 des *25-Punkte-Programms*.

S. 59, Z. 31 »Volksheer« Punkt 22 des *25-Punkte-Programms*. Mit »Söldnertruppe« war die 100 000 Mann starke, aus Berufs- und langdienenden Zeitsoldaten bestehende Reichswehr gemeint. Zum Zeitpunkt, als das *25-Punkte-Programm* verfasst und im Februar 1920 veröffentlicht wurde, war Hitler allerdings selbst noch Teil der Reichswehr, wenngleich er demnächst demobilisiert werden sollte.

S. 60, Z. 2 f. deutsche Zeitungen Punkt 23 des *25-Punkte-Programms*.

S. 60, Z. 7 Religionsfreiheit Punkt 24 des *25-Punkte-Programms*.

S. 60, Z. 9 f. Programm der Nationalsozialisten Erstaunlich ist, dass Tacitus Redivivus den letzten Punkt des *25-Punkte-Programms* übergeht: »Zur Durchführung alles dessen fordern wir die Schaffung einer starken Zentralgewalt des Reiches. Unbedingte Autorität des politischen Zentralparlaments über das gesamte Reich und seine Organisationen im Allgemeinen. Die Bildung von Stände- und Berufskammern zur Durchführung der vom Reich erlassenen Rahmengesetze in den einzelnen Bundesstaaten.«

S. 60, Z. 16 starres Gesetz Vgl. Kellerhoff: Die NSDAP, S. 130 f. Tatsächlich beschloss nicht erst die Generalmitgliederversammlung 1926 diese Festlegung; sie stand schon in der Satzung des neu gegründeten Trägervereins der Partei v. 21. August 1925: »Vereinsprogramm ist das am 24. Februar 1920 zu München herausgegebene grundsätzliche Programm der NSDAP. Dieses Programm ist unabänderlich. Es findet seine Erledigung nur durch seine Erfüllung.«

S. 60, Z. 20 Gottfried Feder Gottfried Feder gewann bei der Reichstagswahl am 4. Mai 1924 für die NSDAP-Ersatzorganisation Nationalsozialistische Freiheitspartei ein Mandat im Wahlkreis Chemnitz-Zwickau. Vgl. zur Haltung der NSDAP gegenüber der Teilnahme an Wahlen Kellerhoff: Die NSDAP, S. 69–72.

S. 60, Z. 25–29 »[...] **der Gesinnung.**« Feder: Das Programm der NSDAP, S. 15.

S. 61, Z. 10–15 [...] **Reiches anzuerkennen.** Diese Schlüsse sind korrekt, lassen sich aber aus dem Wortlaut des Programms oder aus Feders Erläuterungen nicht wirklich ableiten. Die Passage zeigt, dass Tacitus Redivivus die Politik der NSDAP ab 1933 sehr treffend antizipiert.

S. 61, Z. 16–19 »[...] **geben wird**« Feder: Das Programm der NSDAP, S. 17.

S. 62, Z. 12–S. 64, Z. 11 »[...] **Bereicherung.**« Feder: Das Programm der NSDAP, S. 24–26. In Feders Text ist nicht von »Axt« sondern von »Achse« die Rede. Ob der Fehler von Tacitus Redivivus verursacht wurde oder ob ihm ein Druck der Broschüre mit diesem Fehler vorlag, muss offen bleiben.

S. 63, Z. 2 [...] **beziehen.** Tacitus Redivivus lässt nach »beziehen« folgende Passage weg: »Hier wolle man nicht an die Kleinrentner und Sparer denken – wohl verdanken, bzw. verdankten auch sie ihre Zinseinnahmen einer grundfalschen Einrichtung –, aber ihnen wurden zeitlebens die doppelten und hundertfachen Beträge ihrer kleinen Zinsen abgenommen oder weggesteuert oder sonstwie entzogen, so dass man ihnen im Alter leicht einen Teil des ihnen früher vorenthaltenen vollen Arbeitsertrages auszahlen kann – dadurch eine große Masse an dem heutigen zinskapitalistischen System scheinbar Interessierter gewinnend (nähere Erläuterung zu diesem Punkt anderen Orts).«

S. 63, Z. 19 f. Dawesgesetze Gemeint sind die am 29. August 1924 vom Reichstag verabschiedeten Gesetze, insbesondere das Reichsbank- und das Industriebelastungsgesetz, die den Plan zur Zahlung der deutschen Reparationen nach den Vorschlägen von Charles G. Dawes umsetzten. Der völkisch-nationalistische Teil der Abgeordneten lehnten diese Gesetze wegen der Einschränkung der deutschen Souveränität kategorisch ab.

S. 65, Z. 14 innere und äußere Staatsform Gemeint ist die Versprechung, nach einer Übergangsphase der »Diktatur des Proletariats« eine »klassenlose« und »herrschaftsfreie« Gesellschaft zu etablieren.

S. 65, Z. 21–S. 66, Z. 6 »[...] **Staat und Volk.**« Feder: Das Programm der NSDAP, S. 34 f.

S. 66, Z. 27 f. »[...] **nicht notwendig!**« Feder: Das Programm der NSDAP, S. 42 f.

S. 67, Z. 12–24 »[...] **herauszudestillieren?**« Goebbels: Der Nazi-Sozi, S. 4.

S. 68, Z. 3 f. »[...] **Erfahrung verfliegen.**« Goebbels: Der Nazi-Sozi, S. 6.

S. 68, Z. 14 f. [...] **quälenden**« Floh. Goebbels: Der Nazi-Sozi, S. 7.

S. 68, Z. 16–20 »[...] **Glück und Zufriedenheit!**« Goebbels: Der Nazi-Sozi, S. 9 f.

S. 69, Z. 7 f. »[...] absetzen kann« Goebbels: Der Nazi-Sozi, S. 17.
S. 69, Z. 20 f. »[...] zu lassen.« Goebbels: Der Nazi-Sozi, S. 18.
S. 69, Z. 28–S. 70, Z. 1 »[...] dritte Reich.« Goebbels: Der Nazi-Sozi, S. 21.
S. 70, Z. 5–8 »[...] aufzuknöpfen.« Vgl. Goebbels: Knorke, S. 12 f.

Der Bierputsch

S. 71, Z. 4 Dr. Kapp Vgl. Erger: Der Kapp-Lüttwitz-Putsch, S. 60–152 u. Krüger: Brigade Ehrhardt, S. 38–61.

S. 75, Z. 3 Putsch Adolf Hitlers Vgl. zum Folgenden Kellerhoff: Der Putsch (im Druck).

S. 87, Z. 12 amerikanische Dollars Über die Finanzierung der NSDAP kursierten 1922/23 zahlreiche Gerüchte. Tatsächlich unterstützten auch Unternehmer aus Nürnberg Hitler offenbar, allerdings war die Summe von 20 000 US-Dollar, die 84 000 Goldmark entsprochen hätte, bei Weitem zu hoch. Vgl. Franz-Willing: Ursprung, S. 279–299

S. 92, Z. 22–S. 93, Z. 12 »[...] alle Ewigkeit.« Diese offenbar fiktive Rede stammt möglicherweise von Tacitus Redivivus.

S. 94, Z. 16 Karl Laforce Karl Laforce (geboren 1904) war Angestellter bei einer Versicherung und immatrikuliert an der Technischen Hochschule München, 1921 Eintritt in die NSDAP und die SA, 1923 Angehöriger des »Stoßtrupps Hitler«. Sein Vater, Andreas Laforce, stammte aus Speyer und lebte seit 1886 in München.

S. 94, Z. 28–31 »[...] voranleuchten mögen.« Hitler: Mein Kampf, S. XXIX (Volksausgabe 1939).

Das Volksgericht

S. 95, Z. 8 [...] zu bringen. Ludendorff hatte zumindest entsprechende Befehle erteilt; vgl. Gruchmann/Weber/Gritschneder (Hrsg.): Der Hitler-Prozess, Bd. 1, S. 320.

S. 95, Z. 13 Volksgericht Die Infanterieschule, in dessen Saal das Volksgericht tagte, befand sich in der Blutenburgstraße 3 am Rande des traditionellen Militärgeländes im Stadtteil Maxvorstadt, des Marsfeldes. Um die Kasernenanlagen herum lagen mehrere Brauereien und große Bierkeller.

S. 95, Z. 21 f. Märzblumen Der Prozess vor dem Volksgericht München I gegen Hitler, Ludendorff und acht weitere Angeklagte begann am 26. Februar und endete am 1. April 1924.

S. 96, Z. 1–3 [...] Kriegsalarm standen. Tacitus Redivivus' Beschreibungen folgten offensichtlich einerseits der zweibändigen Dokumentation *Der Hitler-Prozess vor dem Volksgericht in München* von 1924, andererseits verschiedenen Presseberichten. Allerdings paraphrasierte er frei und spitzte auch in Zitaten den als Wortprotokoll überlieferten Verlauf wiederholt zu.

S. 96, Z. 18 Frauen jeder Altersklasse Zur Wirkung Hitlers auf vor allem bürgerliche Frauen in der »Kampfzeit« vgl. Falter: Hitlers Wähler, S. 184–191.

S. 97, Z. 7 schlagflüssig Altertümlich für »zum Schlaganfall neigend«.

S. 97, Z. 12 Morgenstunde Verhandlungsbeginn war in der Regel um 8.30 oder 9 Uhr.

S. 97, Z. 17 untergebracht Hitler zumindest war in einer Zelle im Keller der Infanterieschule untergebracht.

S. 98, Z. 8–10 [...] nachdrücklich auseinanderzusetzen. Tatsächlich leitete der Vorsitzende Richter Georg Neithardt die Verhandlung mit besonderem Wohlwollen gegenüber den Angeklagten. Hitler konnte längere Propagandareden vortragen, Fragen stellte Neithardt oft so, dass sie den Angeklagten entlastende Aussagen geradezu suggerierten. Das Publikum stand überwiegend aufseiten der Angeklagten; Meinungsbekundungen im Gerichtssaal tolerierte der Vorsitzende entgegen gängiger Praxis. Neithardts Nachsichtigkeit befremdete die Staatsregierung zum großen Teil, doch der Vorsitzende genoss die Unterstützung des Justizministers Franz Gürtner. Vgl. Gruchmann: Justiz, S. 32–48.

S. 98, Z. 24 f. »[...] **auf mir lag.**« Vgl. Gruchmann/Weber/Gritschneder (Hrsg.): Der Hitler-Prozess, Bd. 1, S. 252–286.

S. 99, Z. 29 f. General Hildebrand Tacitus Redivivus meint Generalleutnant a. D. Karl Hildenbrand. Vgl. Gruchmann/Weber/Gritschneder (Hrsg.): Der Hitler-Prozess, Bd. 2, S. 688.

S. 102, Z. 5 f. [...] abwehrende Bewegung. Vgl. Gruchmann/Weber/Gritschneder (Hrsg.): Der Hitler-Prozess, Bd. 3, S. 853–896.

S. 104, Z. 3 f. »[...] **Trommler für das dritte Reich sein.**« Dieses angebliche Zitat, für Tacitus Redivivus' Buch besonders wichtig, ist im Wortprotokoll nicht vermerkt, obwohl es eine Reihe von ähnlichen Aussagen von Zeugen und sogar, allerdings auf die Zeit deutlich vor dem Putschversuch bezogen, auch von Hitler gab.

Der deutsche Krieg

S. 105, Z. 1–15 [...] bezeichnet ist. Tacitus Redivivus folgt weitgehend der Darstellung Wilhelm Hoegners in Anonymus: Hitler und Kahr, S. 113–126.

S. 108, Z. 9 gehorchten mit Begeisterung Anspielung auf die Wehrverbände, die zu Hitler standen.

S. 109, Z. 8 Prinz Rupprecht Der ehemalige Kronprinz Rupprecht war fraglos Gegner der Republik, stand zugleich aber Hitler stets sehr distanziert gegenüber.

S. 109, Z. 23 »**Zinsknechtschaft**« Die These von der »Zinsknechtschaft« kam über Gottfried Feder in die NSDAP und in das *25-Punkte-Programm*. Für Hitler hatte diese krude Wirtschaftstheorie nie größere Bedeutung; er sprach sie 1922/23 nur in wenigen Reden und en passant an. Vgl. Jäckel/Kuhn (Hrsg.): Hitler, S. 662, S. 700 u. S. 965.

S. 110, Z. 11 f. Trommler Tacitus Redivivus fällt auf Hitlers Selbstdarstellung herein. Spätestens seit Frühjahr 1921 sah Hitler in sich selbst den künftigen »Führer« und nicht mehr nur den »Trommler«.

S. 111, Z. 5 f. Ludendorff fiel [...] ab Ludendorff fühlte sich bei seiner Kandidatur für das Amt des Reichspräsidenten 1925 nicht hinreichend von der NSDAP unterstützt.

S. 111, Z. 7 f. Papsttum und Semitentum Ab 1926 bewegte sich Erich Ludendorff unter dem Einfluss seiner Frau Mathilde immer mehr in völkischokkultistische Bereiche, worauf Hitler wiederholt ironisch anspielte. Vgl. z. B. Hitler: Reden – Schriften – Anordnungen, Bd. 3, S. 365 f.

S. 111, Z. 24 Treue Freunde Anspielung auf die umfassende Unterstützung Hitlers in Landsberg durch Besucher. Vom 16. November 1923 bis zum 20. Dezember 1924 bekam er insgesamt 339-mal Besuch von 336 verschiedenen Personen, oft zu zweit. Häufigste Besucher waren das Ehepaar Bechstein aus Berlin, gefolgt von Rechtsanwalt Lorenz Roder sowie Erich Ludendorff. Vgl. Fleischmann (Hrsg.): Hitler als Häftling, S. 34–55 u. S. 231–376.

S. 111, Z. 28 »Mein Kampf« Vgl. Kellerhoff: »Mein Kampf«, S. 51–61.

S. 112, Z. 14–16 »abgetrennten Splitter« Hitler: Mein Kampf, S. 688 (Volksausgabe 1939); Hartmann u. a. (Hrsg.): Hitler, Mein Kampf, Bd. 2, S. 1551.

S. 112, Z. 18 Südtirol Vgl. zu Hitler und Südtirol Kellerhoff: »Mein Kampf«, S. 171–177.

S. 113, Z. 3 f. […] die Aufgabe. Hitler: Mein Kampf, S. 689 (Volksausgabe 1939); Hartmann u. a. (Hrsg.): Hitler, Mein Kampf, Bd. 2, S. 1553.

S. 115, Z. 21 lauernde Hitler: Mein Kampf, S. 704 (Volksausgabe 1939); Hartmann u. a. (Hrsg.): Hitler, Mein Kampf, Bd. 2, S. 1583. Hitler meinte offenbar tatsächlich »lauernde«, denn in keiner der für die IfZ-Edition geprüften Ausgaben von *Mein Kampf* wurde das Wort zu »dauernde« korrigiert.

S. 117, Z. 4 f. »[…] zum Zusammenbruch.« Hitler: Mein Kampf, S. 742 f. (Volksausgabe 1939); Hartmann u. a. (Hrsg.): Hitler, Mein Kampf, Bd. 2, S. 1657–1659. Das Zitat »Das Riesenreich im Osten ist reif zum Zusammenbruch« wurde erst für die Volksausgabe in den Text aufgenommen; Tacitus Redivivus hat also *Mein Kampf* in der im Mai 1930 erschienenen Ausgabe benutzt.

S. 117, Z. 7–9 »[…] und wertlos.« Hitler: Mein Kampf, S. 749 (Volksausgabe 1939); Hartmann u. a. (Hrsg.): Hitler, Mein Kampf, Bd. 2, S. 1673.

S. 117, Z. 24 f. »[…] nicht frei macht …« Hitler: Mein Kampf, S. 701 (Volksausgabe 1939); Hartmann u. a. (Hrsg.): Hitler, Mein Kampf, Bd. 2, S. 1577.

S. 118, Z. 26 »Mulattennation« Bei Hitler heißt es allerdings »Mulattenstaat«; vgl. Hitler: Mein Kampf, S. 730 (Volksausgabe 1939); Hartmann u. a. (Hrsg.): Hitler, Mein Kampf, Bd. 2, S. 1635.

Rebellion der Jakobiner

S. 121, Z. 2 f. Hitler war die Partei Ein damals wie heute übliches Fehlurteil. Zwar dominierte Hitler tatsächlich die NSDAP, aber ohne den bedingungslosen Einsatz Zehn- und Hunderttausender Anhänger wäre er völlig unbedeutend geblieben. Vgl. Kellerhoff: Die NSDAP, S. 11 u. S. 37.

S. 121, Z. 10 f. Hitlerschen Aussprüche Vgl. Kellerhoff: »Mein Kampf«, S. 159–170.

S. 122, Z. 2 »krasse Demokratie« Der Begriff »krasse Demokratie« ist für Hitler selbst nicht dokumentierbar, aber entsprach durchaus seinem Denken. Gelegentlich benutzte er Formulierungen wie »faule Demokratie«. Vgl. Hitler: Reden – Schriften – Anordnungen, Bd. 2/II, S. 828.

S. 122, Z. 11 Gehirn des Führers Anspielung auf den ersten Stennes-Putsch Ende August 1930; vgl. Kellerhoff: Die NSDAP, S. 222f.

S. 122, Z. 18 geprüft worden war Hier fällt Tacitus Redivivus auf die Selbstdarstellung der NSDAP herein, denn die angebliche Prüfung war zumindest in der »Kampfzeit« vor September 1930 lückenhaft. Vgl. Falter: Hitlers Parteigenossen, S. 23–30.

S. 122, Z. 25 Otto Otto Straßer hatte Hitler nie besonders nahegestanden, er führte im Gegenteil schon 1926 bei der »Führertagung« in Bamberg den »linken«, norddeutschen Flügel gegen die »Münchner« um Hitler an, verlor jedoch. Ab 1927 eskalierte der Konflikt, auch weil Otto Straßer in der Reichshauptstadt Front machte gegen Hitlers Statthalter in Berlin, Joseph Goebbels. Vgl. Kellerhoff: Die NSDAP, S. 220f.

S. 122, Z. 31 Otto Strasser Tacitus Redivivus verwechselt offenbar Gregor und Otto Straßer.

S. 123, Z. 2f. verlorene Seele Der finale Bruch mit Otto Straßer fand Anfang Juli 1930 statt; Hitler hielt sich vom 24. Juni bis 12. Juli in München auf und reiste nicht nach Berlin. Tacitus Redivivus verwechselte den Bruch mit Otto Straßer mit dem ersten Stennes-Putsch Ende August 1930, dessentwegen Hitler tatsächlich umgehend nach Berlin fuhr.

S. 123, Z. 13 Hotel Sanssouci Das Treffen fand am 21. und 22. Mai 1930 statt. Tacitus Redivivus schätzt die tatsächliche Rolle Otto Straßers allerdings falsch ein. Schon am 13. Juli 1929 hatte der *Vorwärts* geschrieben: »Zwischen den Hakenkreuzlern um Otto Straßer, dem Bruder von Gregor Straßer, und den Leuten um Goebbels und Hitler besteht bittere Feindschaft.«

S. 123, Z. 19–21 […] übrig liess. Tacitus Redivivus' folgende Darstellung folgt weitgehend Straßers Schilderung in der Broschüre *Ministersessel oder Revolution?* Allerdings zitiert er auch einige dort nicht zu findende Passagen, die vielleicht auf Artikeln in Straßers Berliner Zeitung *Der Nationale Sozialist* oder anderen Presseberichten beruhen.

S. 124, Z. 8–21 »[…] **und sicher.**« Straßer: Ministersessel oder Revolution?, S. 12.

S. 125, Z. 3–6 »[…] **höhere Rasse.**« Straßer: Ministersessel oder Revolution?, S. 13.

S. 125, Z. 14f. […] nicht angetastet werden dürfe. Wegen des Dogmas der »Unabänderbarkeit« des *25-Punkte-Programms* und der Unvereinbarkeit des dortigen Punkts 17: »Wir fordern eine unseren nationalen Bedürfnissen angepasste Bodenreform, Schaffung eines Gesetzes zur unentgeltlichen Enteignung von Boden für gemeinnützige Zwecke. Abschaffung des Bodenzinses und Verhinderung jeder Bodenspekulation«, sah Hitler sich immer wieder zu Relativierungen gezwungen. Zuerst wohl in einer Rede am 27. Juli 1920; vgl. Jäckel/Kuhn (Hrsg.): Hitler, S. 165. Vgl. z. B. Feder: Das Programm der NSDAP, S. 4 (Erklärung v. 13. April 1928).

S. 126, Z. 9–14 […] erledigen hätten. Straßer: Ministersessel oder Revolution?, S. 20.

S. 126, Z. 19 f. »[...] geradezu Bolschewismus.« Bei Straßer: Ministersessel oder Revolution?, S. 20 heißt es: »Das ist reiner Marxismus, was Sie hier sagen, das ist geradezu Bolschewismus.«

S. 127, Z. 2 »[...] des Schicksals« Straßer: Ministersessel oder Revolution?, S. 21.

S. 127, Z. 29–31 »[...] der Leitung?« Straßer: Ministersessel oder Revolution?, S. 22.

S. 128, Z. 27–31 »[...] Welt besiegelt.« Straßer: Ministersessel oder Revolution?, S. 24.

S. 129, Z. 10 Jakobiner »Jakobiner« gehört nicht zu den typischen Vorwürfen Hitlers; er benutzt das Wort in *Mein Kampf* nur einmal; vgl. Hitler: Mein Kampf, S. 699 (Volksausgabe 1939); Hartmann u. a. (Hrsg.): Hitler, Mein Kampf, Bd. 2, S. 1573. Auch in seinen Reden und sonstigen Äußerungen gibt es nur wenige Fundstellen; vgl. Jäckel/Kuhn (Hrsg.): Hitler, S. 1222 u. Hitler: Reden – Schriften – Anordnungen, Bd. 2/II, S. 781 u. S. 816. Auch in Straßers Broschüre findet sich dieses angebliche Zitat nicht.

S. 129, Z. 18 Mitgliederversammlung Gemeint ist die Mitgliederversammlung des Gaus Berlin der NSDAP am 30. Juni 1930; Hitler war nicht anwesend. Vgl. *Vorwärts* v. 2. Juli 1930: »Der Zwist im nationalsozialistischen Lager frisst weiter. Die am Montag in der ›Neuen Welt‹ abgehaltene Generalversammlung des Gaus Berlin stand im Zeichen des Krachs. Zu Beginn wurde nämlich die Opposition zum Verlassen des Saales aufgefordert und, als sie gegen dieses Verfahren Einwände erhob, durch Rollkommandos gewaltsam an die Luft befördert.« Anders stellte der Berliner NSDAP-Gauleiter die Situation dar: »Neue Welt. Überfüllt. Epp fährt gleich mit. Bald kommen Göring und Buch. Ich rede zwei Stunden. Schildere die ganze Entwicklung von 1926 bis heute. Unseren Kampf und meinen Kampf. Nach zehn Minuten schon habe ich gewonnen. Mittendrin lasse ich Buchs-Hitlers Brief verlesen. Die Schärfe und Geradheit dieses Briefes macht sehr starken Eindruck. Von da ab renne ich nur noch offene Türen ein. Herrliche Abrechnung mit den Literaten. Dass es nur so knallt. ›Aufhängen!‹ Immer wiederkehrender Zwischenruf. Als ich zum Schluss die Rebellen auffordere, den Saal zu verlassen, stehen drei Angestellte von NS [gemeint: Straßers Zeitung *Der Nationale Sozialist*, sfk] auf. Das ist alles. Opposition in Friedenau und Neukölln vollkommen zusammengefallen. Das Ganze endet in einem großen Treuebekenntnis zur Bewegung, zu Hitler und mir. Auf der Straße noch große Ovationen. Das haben die Saboteure davon. Nun mögen sie losschlagen. Ihre Felle sind schon fortgeschwommen.« Goebbels: Tagebücher, Bd. 2/I, S. 188.

S. 130, Z. 14 abtrünnigen Otto Strasser Tacitus Redivivus erliegt einem Irrtum. Die NSDAP war immer eine sozialistische Partei, die auch oft diesen Aspekt betonte – dafür bedurfte es keines Straßers. Vielleicht ist die Bemerkung eine Anspielung auf die Krawalle durch Nationalsozialisten nach der Eröffnung des Reichstags am 13. Oktober 1930, zu dem die 107 NSDAP-Abgeordneten trotz Uniformverbot in Braunhemden erschienen. Die Schaufenster jüdischer Geschäfte, besonders des renommierten Kaufhauses Wertheim am Leipziger Platz, wurden eingeschlagen, Kunden angepöbelt und eingeschüchtert. Die Polizei nahm rund hundert der Täter fest, überwiegend jugendliche Hitler-Anhänger.

Traumlaller und Johannesnatur

S. 131, Z. 8 »Volksbuch vom Hitler« Tacitus Redivivus lag beim Verfassen seines Textes die 1924 erschiene erste Auflage dieses Buch vor. Die zweite, veränderte Auflage erschien erst 1933, danach folgten zahlreiche weitere bis zur 14. Auflage 1942. Allerdings war das kein Problem, denn die Erstauflage war bis 1931 im Handel erhältlich. Vgl. Phelps: Die Autoren des Eher-Verlages, S. 30.

S. 132, Z. 2 f. Verfasser seine höchsten Weihen gespendet Ein solcher direkter Auftrag Hitlers ist nicht nachweisbar. Tatsächlich erhielt Schott, ein ehemaliger evangelischer Pfarrer und später völkischer Laienprediger, NSDAP-Mitglied seit 1920, den Auftrag im März 1924 vom Wiechmann-Verlag in München; das Buch mit 330 Seiten erschien schon Ende Juni 1924 und am 26. Juni 1924 suchte Schott Hitler in Landsberg auf; vgl. Fleischmann (Hrsg.): Hitler als Häftling, S. 354 f. 1946 versuchte sich Schott zu rechtfertige: »Dieses Buch war, wie ich darin ausdrücklich bemerkt habe, nicht als Verherrlichung der Person Hitlers gedacht. Ein Hauptzweck des Buches war vielmehr, Adolf Hitler eine Art ›Spiegel‹ vor Augen zu halten, wie ein Führer des Volkes seine Aufgabe verstehen müsse, um seines Amtes zu Nutz und Frommen des Volkes zu walten.« Zit. n. Plöckinger: Frühe biografische Texte zu Hitler, S. 108 f., Anm. 66. Zutreffend nennt Plöckinger Schotts Rechtfertigungsversuch »dreist«.

S. 132, Z. 6 »Traumlaller« Vgl. Schott: Volksbuch, S. 11.

S. 132, Z. 7 orphisch Es scheint sich um eine Wortprägung Schotts zu handeln; jedenfalls verzeichnet kein Wörterbuch der deutschen Sprache das Verb oder einen davon abgeleiteten Begriff.

S. 132, Z. 30 f. »[…] den Christus.« Schott: Volksbuch, S. 55.

S. 134, Z. 18 f. »[…] Laternenpfähle vollhängen!« Schott: Volksbuch, S. 185 f.

S. 134, Z. 31–S. 135 Z. 3 »[…] Unterschiedes willen.« Schott: Volksbuch, S. 186.

S. 135, Z. 12 f. dieses Pamphlet Vgl. Hitler: Mein Kampf, S. 337 (Volksausgabe 1939); Hartmann u. a. (Hrsg.): Hitler, Mein Kampf, Bd. 1, S. 799–803.

S. 135, Z. 19 »Kulturbordell« Schott: Volksbuch, S. 199.

S. 136, Z. 13 f. Die Reden […] gesammelt. Tacitus Redivivus meinte wohl die Sammlung Koerber (Hrsg.): Adolf Hitler. Sein Leben, seine Reden.

Es wird aufgenordet

S. 137, Z. 17 Bericht des Gehörten Tacitus Redivivus bezieht sich auf eine Erklärung in der Broschüre *Ministersessel oder Revolution?*, S. 29: »Wir Unterzeichneten bestätigen hierdurch, dass diese Niederschrift völlig mit der Darstellung übereinstimmt, die uns Herr Dr. Strasser unmittelbar nach der Unterredung, nämlich am Abend das 21. Mai, in mehrstündiger Darlegung gegeben hat. Richard Schapke, Herbert Blank, Günther Kübler, Paul Brinkmann. Berlin, den 2. Juni 1930«. Alle vier Unterzeichner gehörten zu den Gründungsmitgliedern von Straßers Kampfgemeinschaft Revolutionärer Nationalsozialisten; ihre ohnehin wenig beweiskräftige Erklärung (sie bestätigen ja nur, dass die Darstellung in der Broschüre über das Gespräch mit Hitler Straßers eigenem Bericht entspreche) wird damit vollkommen wertlos.

S. 138, Z. 5 »[...] **griechisch-nordisch**« Straßer: Ministersessel oder Revolution?, S. 7.

S. 138, Z. 9 f. [...] **bezeichnet hat.** Vgl. Gruchmann/Weber/Gritschneder (Hrsg.): Der Hitler-Prozess, Bd. 1, S. 20.

S. 138, Z. 14 f. zum Professor [...] **machte** Vgl. Kellerhoff: »Mein Kampf«, S. 66 u. S. 81 f. Vgl. zu Günther Kißener/Scholtyseck (Hrsg.): Die Führer der Provinz, S. 161–199. Er wurde im Mai 1930 gegen den Widerstand der Universität Jena zum ordentlichen Professor ernannt und hielt im November seine Antrittsvorlesung.

S. 139, Z. 13–23 »[...] **zu Ende.**« Straßer: Ministersessel oder Revolution?, S. 8.

S. 140, Z. 6 Bad Kösen Tatsächlich verortete Günther das Vorwort zur ersten Auflage seiner *Kleinen Rassenkunde des deutschen Volkes* im »Herbst 1928« in »Saaleck bei Bad Kösen«. Wieso Günther gerade zu dieser Zeit den für alle völkischen Nationalisten klar erkennbaren antisemitischen Code benutzte, ist unklar.

S. 140, Z. 13 f. Lebenswerk Tacitus Redivivus irrt – die vollständige, 514 Seiten starke Ausgabe seiner *Rassenkunde* veröffentlichte Günther schon im Sommer 1922 mit einem in Dresden verorteten Vorwort. Lediglich die *Kleine Rassenkunde* von 1928 mit 172 Seiten hatte den Bezug zu Burg Saaleck.

S. 141, Z. 2 »[...], **Wurf und Sprung**« Günther: Kleine Rassenkunde, S. 13 u. S. 25.

S. 141, Z. 17 »**Schwarze Schmach**« Vgl. Pommerin: Sterilisierung, S. 10–22 u. Lebzelter: »Schwarze Schmach«, S. 37–58.

S. 141, Z. 25–29 »[...] **eigen war**« Günther: Kleine Rassenkunde, S. 141 f.

S. 142, Z. 13–15 »[...] **fremdes Seelenleben**« Günter: Kleine Rassenkunde, S. 60.

S. 143, Z. 4–7 [...] **zu suchen.** Vgl. Kellerhoff: Die NSDAP, S. 179–181 u. Kosubek: »Genauso konsequent«, S. 28–59.

S. 143, Z. 26–28 [...] **Modell entworfen.** Vgl. Kellerhoff: Die NSDAP, S. 47–49.

S. 144, Z. 1 zerschmettern Anspielung auf die Ausschreitungen in Berlin nach der Eröffnung des Reichstags am 13. Oktober 1930.

S. 144, Z. 6–18 »[...] **zu sitzen!**« Gruchmann/Weber/Gritschneder (Hrsg.): Der Hitler-Prozess, Bd. 4, S. 1591.

Mussolini und der Promethide

S. 145, Z. 6 f. »[...] **aufgenommen worden!**« Gruchmann/Weber/Gritschneder (Hrsg.): Der Hitler-Prozess, Bd. 4, S. 1583.

S. 145, Z. 18–20 »[...] **Schreibern verdankt**« Hitler: Mein Kampf, S. XXVII (Volksausgabe 1939); Hartmann u. a. (Hrsg.): Hitler, Mein Kampf, Bd. 1, S. 89.

S. 146, Z. 12f. [...] ihre Vernunft. Hitler: Mein Kampf, S. 525f. (Volksausgabe 1939); Hartmann u. a. (Hrsg.): Hitler, Mein Kampf, Bd. 2, S. 1185–1189.

S. 146, Z. 29 Mussolini Hier schlägt bei Tacitus Redivivus die Faszination durch, die verschiedene linke Intellektuelle für den Populisten Mussolini empfanden. Kurt Hiller z. B. schrieb in der *Weltbühne* 1926: »Mussolini – was ich zunächst nicht kann, ist: einstimmen in das Wutgeheul der Weltdemokratie über diesen Mann, der, wie mir scheint, keineswegs nur der Antipode, sondern auch die lebende Widerlegung des Demokratismus ist. Demokratie heißt: Herrschaft jeder empirischen Mehrheit; wer wollte bestreiten, daß die Mehrheit des italienischen Volkes seit langem treu hinter Mussolini steht? Daß die Begeisterung breitester Teile der Massen seines Volkes diesen Kraftkerl trägt? Damit ist nicht die Richtigkeit seiner Politik bewiesen; aber hätte der Demokratismus recht, wäre sie's damit.« Die Weltbühne 22/1 (1926), S. 45.

S. 147, Z. 29 Prometheus Offensichtlich Bezug auf den hymnischen Artikel Rothermeres über den Nationalsozialismus und Hitler, der am 24. September 1930 zeitgleich in seiner *Daily Mail* und im *Völkischen Beobachter* erschien. Vgl. Clemens: Herr Hitler, S. 166–168. Direkt danach gab Hitler Rothay Reynolds ein Interview für die *Daily Mail*; vgl. Hitler: Reden – Schriften – Anordnungen, Bd. 3, S. 452f.

S. 148, Z. 1 jüdischen Hochfinanz Rothermere machte zwar Geschäfte mit jüdischen Bankern in London, er selbst war aber nicht jüdisch (schon seine Eltern hatten 1864 anglikanisch geheiratet) und entwickelte sich vor allem in den 1930er-Jahren selbst zunehmend zum Antisemiten.

S. 149, Z. 4 Frankreich Bezug auf einen Artikel- und Telegrammwechsel zwischen Hitler und Gustave Hervé, einem französischen Verleger und Gründer der wenig bedeutenden faschistischen Parti socialiste nationale, Ende Oktober 1930. Vgl. *Der Abend* v. 25. u. 1. November Oktober 1930 sowie *Vorwärts* v. 26. u. 28. Oktober 1930, ferner Hitler: Reden – Schriften – Anordnungen, Bd. 4/I, S. 36–39. Treffend bezeichnete *Der Abend* die Episode als »deutsch-französische Kasperliade«.

S. 149, Z. 22 Petarden Petarden waren eine frühneuzeitliche Sonderform von Minen, eine Art Vorläufer von Hohlladungen.

Quellen

Anonymus [=Hoegner, Wilhelm]: Hitler und Kahr. Die bayerischen Napoleonsgrößen von 1923. 2 Bde. München 1928.
Deuerlein, Ernst (Hrsg.): Der Hitler-Putsch. Bayerische Dokumente zum 8./9. November 1923. Stuttgart 1962.
Dresler, Adolf (Hrsg.): Dokumente der Zeitgeschichte. München 1938.
Feder, Gottfried: Das Programm der NSDAP und seine weltanschaulichen Grundgedanken. 166.–169. Aufl. München 1935.
Fleischmann, Peter (Hrsg.): Hitler als Häftling in Landsberg am Lech 1923/24. Neustadt an der Aisch 2015.
Goebbels, Joseph: Der Nazi-Sozi. Fragen und Antworten für den Nationalsozialisten. Elberfeld 1927.
Ders. (Hrsg.): Knorke. Ein neues Buch Isidor für Zeitgenossen. München 1929.
Ders.: Die Tagebücher von Joseph Goebbels. Teil I. Aufzeichnungen 1923–1941. Hrsg. von Elke Fröhlich. 9 Bde. München u. a. 1998–2004.
Gruchmann, Lothar/Weber, Reinhard/Gritschneder, Otto (Hrsg.): Der Hitler-Prozess 1924. Wortlaut der Hauptverhandlung vor dem Volksgericht München I. 4 Bde. München 1997–2000.
Günther, Hans F. K.: Kleine Rassenkunde des deutschen Volkes. München 1928.
Hartmann, Christian u. a. (Hrsg.): Hitler, Mein Kampf. Eine kritische Edition. 2 Bde. München 2016.
Hitler, Adolf: Mein Kampf. Zwei Bände in einem Band. 479.–483. Aufl. München 1939.
Ders.: Reden – Schriften – Anordnungen 1925–1933. Hrsg. von Christian Hartmann u. a. 6 Bde. in 13 Teilbänden. München u. a. 1992–2002.
Iltis, Hugo: Der Mythus von Blut und Rasse. Wien 1936.
Jäckel, Eberhard/Kuhn, Axel (Hrsg.): Hitler. Sämtliche Aufzeichnungen 1905–1924. Stuttgart 1980 (vgl. jedoch Jäckel, Eberhard/Kuhn, Axel: Neue Erkenntnisse zur Fälschung von Hitler-Dokumenten. In: Vierteljahrshefte für Zeitgeschichte 32 [1984], S. 163f.).
Kessler, Harry Graf: Tagebücher 1926–1937. Hrsg. von Sabine Gruber u. Ulrich Ott. Stuttgart 2010.
Koerber, Adolf-Victor von (Hrsg.): Adolf Hitler. Sein Leben, seine Reden. München 1923.
Schott, Georg: Das Volksbuch vom Hitler. 1. Aufl. München 1924, 3. Aufl. München 1934.
Schultze-Pfaelzer, Gerhard: Anti-Hitler. Eine unabhängige Zeitbetrachtung. Berlin 1931.
Straßer, Otto: Ministersessel oder Revolution? Eine wahrheitsgemäße Darstellung meiner Trennung von der NSDAP. Berlin 1930.
Tyrell, Albrecht (Hrsg.): Führer befiehl ... Selbstzeugnisse aus der Kampfzeit der NSDAP. Düsseldorf 1969.

Literatur

Erger, Johannes: Der Kapp-Lüttwitz-Putsch. Ein Beitrag zur deutschen Innenpolitik 1919/20. Düsseldorf 1967.
Falter, Jürgen W. (Hrsg.): Junge Kämpfer, alte Opportunisten. Die Mitglieder der NSDAP 1919 bis 1945. Frankfurt/M. 2016.
Ders.: Hitlers Wähler. Die Anhänger der NSDAP 1924–1933. Neuausgabe Frankfurt/M. 2020.
Franz-Willing, Georg: Ursprung der Hitlerbewegung 1919–1922. Neuausgabe Preußisch Oldendorf 1974 [zuerst 1962].
Gruchmann, Lothar: Justiz im Dritten Reich 1933 bis 1940. Anpassung und Unterwerfung in der Ära Gürtner. München 1988.
Kellerhoff, Sven Felix: »Mein Kampf«. Die Karriere eines deutschen Buches. Stuttgart 2015.
Ders.: Die NSDAP. Eine Partei und ihre Mitglieder. Stuttgart 2017.
Ders.: Der Putsch. Hitlers erster Griff nach der Macht. Stuttgart 2023 (im Druck).
Kißener, Michael/Scholtyseck, Joachim (Hrsg.): Die Führer der Provinz. NS-Biographien aus Baden und Württemberg. Konstanz 1997.
Kissenkoetter, Udo: Gregor Straßer und die NSDAP. Stuttgart 1986.
Kosubek, Katja: »Genauso konsequent sozialistisch wie national«. Alte Kämpferinnen der NSDAP vor 1933. Eine Quellenedition 36 autobiographischer Essays der Theodore-Abel-Collection. Göttingen 2017.
Krüger, Gabriele: Die Brigade Ehrhardt. Hamburg 1971.
Langer, Walter C.: The Mind of Adolf Hitler. The Secret Wartime Report. New York 1972.
Lebzelter, Gisela: Die »Schwarze Schmach«. Vorurteile, Propaganda, Mythos. In: Geschichte und Gesellschaft 11 (1985), S. 37–58.
Phelps, Reginald H.: Die Autoren des Eher-Verlages. In: Deutsche Rundschau 81 (1955), S. 3–34.
Plöckinger, Othmar: Geschichte eines Buches: Adolf Hitlers *Mein Kampf* 1922–1945. München 2006.
Ders.: Frühe biografische Texte zu Hitler. In: Vierteljahrshefte für Zeitgeschichte 58 (2010), S. 93–114.
Ders. (Hrsg.): Quellen und Dokumente zur Geschichte von ›Mein Kampf‹ 1924–1945. Stuttgart 2015.
Pommerin, Reiner: »Sterilisierung der Rheinlandbastarde«. Das Schicksal einer farbigen deutschen Minderheit 1918–1937. Düsseldorf 1979.
Ders.: Die Ausweisung von »Ostjuden« aus Bayern 1923. Ein Beitrag zum Krisenjahr der Weimarer Republik. In: Vierteljahrshefte für Zeitgeschichte 34 (1986), S. 311–340.
Reuth, Ralf Georg: Hitlers Judenhass. Klischee und Wirklichkeit. München/Zürich 2009.

Schmitz-Berning, Cornelia: Vokabular des Nationalsozialismus. Berlin/New York 1998.
Scholdt, Günter: Autoren über Hitler. Deutschsprachige Schriftsteller 1919–1945 und ihr Bild vom »Führer«. Bonn 1993.
Strauss, Herbert A./Röder, Werner (Hrsg.): International Biographical Dictionary of Central European Emigrés 1933–1945. 3 Bde. München 1980–1983.
Tyrell, Albrecht: Vom Trommler zum Führer. München 1975.
Ullrich, Volker: Adolf Hitler. Biografie. Bd. 1: Jahre des Aufstiegs. Frankfurt/M. 2013.
Weber, Thomas: Hitlers erster Krieg. Der Gefreite Hitler im Weltkrieg – Mythos und Wahrheit. Berlin 2011.
Woller, Hans: Mussolini. Der erste Faschist. München 2016.